PEDAGOGY

促进教育均衡发展的
中小学教师流动研究

郝保伟　著

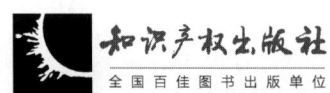

知识产权出版社
全国百佳图书出版单位

图书在版编目（CIP）数据

促进教育均衡发展的中小学教师流动研究／郝保伟著.—北京：知识产权
出版社，2015.3

ISBN 978 – 7 – 5130 – 3015 – 1

Ⅰ.①促…　Ⅱ①. 郝…　Ⅲ.①中小学 – 教师 – 人才流动 – 研究 – 中国

Ⅳ.①G635.12

中国版本图书馆 CIP 数据核字（2014）第 220991 号

责任编辑：罗　慧　　　　　　责任校对：董志英

文字编辑：徐　浩　　　　　　责任出版：刘译文

促进教育均衡发展的中小学教师流动研究

郝保伟　著

出版发行：知识产权出版社 有限责任公司		网　　址：http：//www.ipph.cn	
社　　址：北京市海淀区马甸南村 1 号		邮　　编：100088	
责编电话：010 – 82000860 转 8345		责编邮箱：luohui@cnipr.com	
发行电话：010 – 82000860 转 8101/8102		发行传真：010 – 82000893/82005070/82000270	
印　　刷：北京中献拓方科技发展有限公司		经　　销：各大网上书店、新华书店及相关专业书店	
开　　本：720mm × 960mm　1/16		印　　张：11.75	
版　　次：2015 年 3 月第一版		印　　次：2015 年 3 月第一次印刷	
字　　数：140 千字		定　　价：32.00 元	

ISBN 978 – 7 – 5130 – 3015 – 1

目　　录

第一章 教师流动问题的政策变迁与研究现状

第一节 我国教师流动问题的政策变迁

系统梳理国家层面的相关政策文本内容，可以发现关于教师流动、交流轮岗等内容的规定早已有之。早在 20 世纪 90 年代，相关政策文件中即出现了"教师定期交流"的字样。在后续的各类政策文件中，对这一内容都有相关规定，且内容在逐步细化，要求愈加明确，政策指向愈加清晰。但必须指出的是，这些文件所指的"教师流动""交流轮岗"等，更多的是指政府主导下的教师流动，是以促进师资配置，促进义务教育均衡发展为旨归的。

一、国家层面教育政策中关于教师流动的内容的规定

依据国家层面对教师流动相关内容的界定，可以划分为三个阶段。

（一）政策内容的原则性界定阶段

这个阶段的时间范围大致在 2010 年以前，国家出台的相关政策文件中出现了"交流""支教"的字眼。但都是原则性规定，并没有具体的、硬性的要求。

1996 年，《关于"九五"期间加强中小学教师队伍建设的

意见》（教人［1996］89 号）第六条提出，要积极进行教师定期交流。打破在教师使用方面的单位所有制和地区所有制，促进中小学教师在学校和地区之间的交流。要建立教师流动的有效机制，采取切实的政策措施，鼓励教师从城市到农村，从强校到薄弱学校任教。通过实行教师定期交流，促进教育系统内部人力资源的合理配置，加强薄弱学校的建设和发展，缓解农村边远地区中小学对教师的需求。这是国家教育政策文本中，首次提出"教师交流"一词，也是首次提出要建立教师流动的有效机制。

1999 年，《中共中央　国务院关于深化教育改革全面推进素质教育的决定》（中发［1999］9 号）第二十条指出，要合理配置教师资源。各地要制定政策，鼓励大中城市骨干教师到基础薄弱学校任教或兼职，中小城市（镇）学校教师以各种方式到农村缺编学校任教，加强农村与薄弱学校教师队伍建设。城镇中小学教师原则上要有一年以上在薄弱学校或农村学校任教经历，才可聘为高级教师职务。该文件除了继续提到教师交流外，还提出"城镇中小学教师原则上要有一年以上在薄弱学校或农村学校任教经历，才可聘为高级教师职务"。这可视为国家层面对教师流动规定的进一步细化。

2001 年，《国务院关于基础教育改革与发展的决定》（国发［2001］21 号）第二十九条提出在教育对口支援工作中，援助地区的学校要为受援地区的学校培养、培训骨干教师。这种教育"对口支援"，包括硬件、软件和师资方面的多方面支援。师资的支援或支教，发达地区派遣教师到西部地区进行支教，其实质上是教师流动的一种形式。

2001 年，国家出台了《教育部关于印发〈中小学教师队伍建设十五计划〉的通知》（教人〔2001〕16号）。该计划明确提出了城乡中小学教师交流的基本原则，并且把"建立教师转任交流制度"作为实现计划的政策措施和工作重点。通知指出，要建立教师转任交流制度。鼓励和组织城镇教师到农村学校或薄弱学校任教。有条件的地区，先通过试点，逐步实现教师交流定期化、制度化。城镇中小学教师原则上要有一年以上在农村学校或薄弱学校任教的经历，方可聘任高级教师职务。通过教师交流制度，加强农村学校和薄弱学校的建设与发展，缓解农村边远地区中小学教师不足的矛盾，改善薄弱学校合格师资及高水平师资缺乏的状况，促进教育系统内部人力资源合理配置，提高教师资源的使用效益。

2003年，《国务院关于进一步加强农村教育工作的决定》（国发〔2003〕19号）第二十五条提出，积极引导鼓励教师和其他具备教师资格的人员到乡村中小学任教。建立城镇中小学教师到乡村任教服务期制度。城镇中小学教师晋升高级教师职称，应有在乡村中小学任教一年以上的经历。地（市）、县教育行政部门要建立区域内城乡"校对校"教师定期交流制度。增加选派东部地区教师到西部地区任教、西部地区教师到东部地区接受培训的数量。乡村任教服务期制度，评高级职称必须有乡村任教经历，城乡"校对校"教师定期交流，支教等，都是教师流动的具体表现形式。

2004年，教育部、财政部《关于进一步加强农村地区"两基"巩固提高工作的意见》（教基〔2004〕4号）第九条提出，切实加强师资队伍建设，建立小学短线教师流动教学制度，保证小学能够按照国家规定开齐课程。小学短线教师流动教学制度是指教师在不同学校之间流动教学，多个学校共享师资，是教师柔性流动的一种。

2004 年，教育部《2003—2007 年教育振兴行动计划》第一部分第五条加快推进农村中小学教师队伍建设中，提出积极引导和鼓励教师及其他具备教师资格的人员到乡村中小学任教，建立城镇中小学教师到乡村任教服务期制度。

2005 年，《教育部关于进一步推进义务教育均衡发展的若干意见》（教基〔2005〕9 号）提出统筹教师资源，加强农村学校和城镇薄弱学校师资队伍建设。第七条指出，要采取各种有效措施，建立区域骨干教师巡回授课、紧缺专业教师流动教学、城镇教师到农村学校任教服务期等项制度，积极引导超编学校的富余教师向农村缺编学校流动，切实解决农村学校教师不足及整体水平不高的问题。

2006 年，新修订的《中华人民共和国义务教育法》第三十二条规定，县级人民政府教育行政部门应当均衡配置本行政区域内学校师资力量，组织校长、教师的培训和流动，加强对薄弱学校的建设。

2006 年，《教育部关于大力推进城镇教师支援农村教育工作的意见》（教人〔2006〕2 号）提出了"支教"的指导意见，各级政府要积极做好大中城市中小学教师到农村支教工作。省级教育行政部门要加强统筹协调，根据农村学校实际需求，制订本地大中城市中小学教师到农村支教计划，并负责组织实施，重点充实边远贫困地区教师资源薄弱学校的师资力量。要加大对口支援工作力度，进一步建立和完善本行政区域内长期稳定的"校对校"对口支援关系，鼓励和支持城镇办学水平高的中小学与农村学校建立办学共同体，通过"结对子""手拉手"等多种有效形式，促进优质教育资源共享。认真组织县域内城镇中小学教师定期到农村任教，合理配置城乡教师资源，认真做好县域内城镇教师支援农村教育的规划，积极促进城镇学校教师向农村学校流动，定期选派城镇学校教师到农村学校交流任教，并统筹安排、落实好其他城市的教师到当地农村支教的工作。

2006 年，教育部、财政部、人事部、中央编办下发了《关于实施农村义务教育阶段学校教师特设岗位计划的通知》（教师〔2006〕2 号），由此启动实施"特岗计划"，公开招聘高校毕业生到西部"两基"攻坚县农村义务教育阶段学校任教。

（二）政策内容的逐步细化阶段

在这个阶段，关于教师流动、交流轮岗的内容逐步具体化，且提出了明确要求，提出教师流动"制度化"，将教师在农村学校或薄弱学校的任教经历作为评聘高级职务的必要条件。

2010 年，《国家中长期教育改革和发展规划纲要（2010—2020 年）》第五十五条明确提出，要建立健全义务教育学校教师和校长流动机制。城镇中小学教师在评聘高级职务（职称）时，原则上要有一年以上在农村学校或薄弱学校任教的经历。

《国家中长期教育改革和发展规划纲要》提出："要以农村教师为重点，提高中小学教师队伍整体素质。创新农村教师补充机制，完善制度政策，吸引更多优秀人才从教。积极推进师范生免费教育，实施农村义务教育学校教师特设岗位计划，完善代偿机制，鼓励高校毕业生到艰苦边远地区当教师。"

2012 年，《国务院关于加强教师队伍建设的意见》（国发〔2012〕41 号）第十一条提出，要建立县（区）域内义务教育学校教师校长轮岗交流机制，促进教师资源合理配置。大力推进城镇教师支持农村教育，鼓励、支持退休的特级教师、高级教师到农村学校支教讲学。第十三条规定，城镇中小学教师在评聘高级职务（职称）时，要有一年以上在农村学校或薄弱学校任教经历。

2012 年，国务院《关于深入推进义务教育均衡发展的意见》（国发〔2012〕48 号）第五条提出，实行县域内公办学校校长、教师交流制度。各地要逐步实行县级教育部门统一聘任校长，推行校长聘期制。建立和完善鼓励城镇学校校长、教师到农村学校或城市薄弱学校任职任教机制，完善促进县域内校长、教师交流的政策措施，建设农村艰苦边远地区教师周转宿舍，城镇学校教师评聘高级职称原则上要有一年以上在农村学校任教经历。

2012 年，教育部、中央编办、国家发展改革委、财政部、人力资源社会保障部《关于大力推进农村义务教育教师队伍建设的意见》（教师〔2012〕9 号）第六条提出，建立健全城乡教师校长轮岗交流制度。各地要建立县（区）域内教师校长轮岗交流机制，建立县（区）域内城镇中小学教师到乡村学校任教服务期制度，引导、鼓励优秀教师到乡村薄弱学校或教学点工作。城镇中小学教师在评聘高级职务（职称）时，要有一年以上在农村学校或薄弱学校任教的经历。支持退休的特级教师、高级教师到乡村学校支教讲学。推进校长职级制改革试点，探索实行校长任期制和定期交流制。

2012 年 8 月 20 日，国务院颁发了《关于加强教师队伍建设的意见》（国发〔2012〕41 号），指出，加强教师资源配置管理，逐步实行城乡统一的中小学教职工编制标准，对农村边远地区实行倾斜政策。研究制定高等学校教职工编制标准，完善学校编制管理办法，健全编制动态管理机制，严禁挤占、挪用、截留教师编制。国家出台幼儿园教师配备标准，各地结合实际合理核定公办幼儿园教职工编制。建立县（区）域内义务教育学校教师校长轮岗交流机制，促进教师资源合理配置。大力推进城镇教师支持农村教育，鼓励、支持退休的特级教师、高级教师到农村学校支教讲学。

2012 年 9 月 20 日，教育部、中央编办、国家发展改革委、财政部、人力资源社会保障部联合下发了《关于大力推进农村义务教育教师队伍建设的意见》（教师［2012］9 号）。其中第六条明确规定，要建立健全城乡教师校长轮岗交流制度。各地要建立县（区）域内教师校长轮岗交流机制，建立县（区）域内城镇中小学教师到乡村学校任教服务期制度，引导、鼓励优秀教师到乡村薄弱学校或教学点工作。城镇中小学教师在评聘高级职务（职称）时，要有一年以上在农村学校或薄弱学校任教的经历。支持退休的特级教师、高级教师到乡村学校支教讲学。推进校长职级制改革试点，探索实行校长任期制和定期交流制。

（三）国家层面出台正式政策文件阶段

这个阶段，国家教育部出台了以"教师交流轮岗"为主题词的正式政策，明确提出要在县域范围建立教师交流轮岗的制度，促进均衡配置和义务教育均衡发展。

2014 年 8 月 13 日，教育部、财政部、人力资源和社会保障部联合颁发了《关于推进县（区）域内义务教育学校校长教师交流轮岗的意见》（教师［2014］4 号）。该《意见》指出，要"全面推进义务教育教师队伍'县管校聘'管理改革。

加强县（区）域内义务教育教师的统筹管理，推进'县管校聘'管理改革，打破教师交流轮岗的管理体制障碍。县级教育行政部门会同有关部门制定本县（区）域内教师岗位结构比例标准、公开招聘和聘用管理办法、培养培训计划、业绩考核和工资待遇方案，规范人事档案管理和退休管理服务。学校依法与教师签订聘用合同，负责教师的使用和日常管理。教师交流轮岗经历纳入其人事档案管理"。

综观国家关于教师流动政策的历史沿革，可以发现，首先，在国家教育政策层面上，教师流动或称教师交流一词，最早出现在20世纪90年代的国家教育政策文本中。随后，在一系列关于基础教育改革、教师队伍建设、农村教育发展等相关政策文本中，教师流动都多次被提及。但有关教师流动的条文都是宏观政策中极少的一部分内容，且都属于原则性规定，既不是对地方政府的硬性规定，国家层面也没有出台相应的关于促进教师流动的细则或指导意见。其次，十余年来国家教育政策中涉及教师流动的内容，其相关规定在逐步细化，指导性在增强。最后，文件中对教师流动的相关规定，都立足于优化配置师资，促进教育均衡发展，以及支援农村地区教育发展，这一立足点体现了教师流动问题背后的教育形势背景，以及教师流动相关政策的价值取向。

二、各级地方政府关于教师流动的政策内容

随着教师流动或教师交流日益受到国家层面的关注、越来越频繁地出现在诸多教育法律法规中，各级地方政府也逐渐认识到促进教师流动必将成为不可回避的政策工具，以促进教育均衡发展。与国家政策相呼应，各级地方政府和教育行政部门

纷纷制定了相应的教师流动政策，开始了教师流动的实践探索。

（一）省级政府关于教师流动的政策

在 2010 年之前，部分省市对教师流动做出了原则性规定，这些规定散见于以教师队伍建设、义务教育均衡发展等为主题的政策文本中，鲜有直接以"教师流动""交流轮岗"为标题的政策出台。

2005 年，浙江省教育厅《关于加强中小学教师队伍管理的若干意见》指出：（1）有计划开展"城镇支援农村、近郊支援边远、强校支援弱校"。城镇中小学校的中青年教师没有在欠发达地区或农村学校任教经历的，应履行支教义务，支教期至少一年。自 2006 年起，凡 1970 年 1 月 1 日以后出生的城镇中小学教师，在晋升高级教师职务时，必须有在农村或欠发达地区支教一年的经历；中心城市中小学教师，应有支援薄弱学校教学的经历。（2）要建立教师有序流动的机制，规范教师交流行为。今后浙江评选特级教师时，将取消 4 年内已从省内欠发达地区引进 3 名以上特级教师学校的评选资格。逐步实施特级教师饱和制度，凡一所学校在职特级教师达到一定数量后，限制该学校特级教师的评选资格。欠发达地区教师晋升高级教师职务或获得省级以上荣誉称号后，原则上应在本校或本地学校任教 5 年后方可流动。本省欠发达地区教师跨地区调动，要取得当地教育行政部门的同意，接收地区和学校不得重新建档。特级教师跨市流动需报省教育厅备案。

2007 年，浙江省出台《浙江省人民政府办公厅关于大力推进城镇教师支援农村教育工作的实施意见》（浙政办发

［2007］60号），提出了覆盖全省的关于"支教"工作的指导意见：支教工作由各级教育行政部门统筹规划，通过选派城镇学校的骨干教师和中层以上管理人员，建立起校与校之间长期和相对固定的对口支援关系，全省农村学校的受援覆盖面要达到80%以上。需要参加支援农村教育的城镇教师主要是指，各市、县（市、区）政府所在地城区中小学校具有中级及以上职称的教师和管理人员、高等师范院校（含有师范生培养任务的其他高校，下同）的教师。支教的形式是多样的，包括中小学教师县域内支教、中小学教师跨县域支教、师范院校师生支教、骨干教师支教、高校毕业生支教、管理人员支教等。支教的工作方式包括全职支教和兼职支教。

江苏省2010年通过《江苏省实施〈中华人民共和国义务教育法〉办法》。《办法》中增加了"实行校长、教师交流制度"的规定，保留并修改了"县级教育行政部门应当组织本行政区域学校校长、教师合理流动"的规定。《江苏省中长期教育改革和发展规划纲要（2010—2020）》提出，实行县级教育部门统一管理中小学教师制度，区域内教师和校长定期合理流动。

云南省2010年开始建立和完善城乡教师交流制度，推动教师由城市向农村、由发达地区向贫困地区、由超编学校向紧缺学校、由优质学校向薄弱学校流动。

2012年甘肃省开始建立健全教师和校长合理流动机制，全面实行县域内义务教育学校教师定期轮岗、城镇中小学教师到农村中小学任教服务以及农村中小学教师到城镇中小学跟班学习制度，县域内将建立骨干教师巡回授课、紧缺学科教师流动教学的机制。此外，城镇中小学教师在评聘高级职务（职称）时，要有 1 年以上在农村学校或 2 年以上在薄弱学校任教经历。

2010 年之后，随着国家对义务教育均衡发展的重视，要求均衡配置师资，切实加强对农村地区教育发展的支援，教师流动、交流轮岗逐渐成为政策文本的重要内容。一些省市直接出台了相关文件，具体内容详见《省级教师流动政策的文本分析》一章。

（二）地市级、区县级政府关于教师流动的政策

南京市从 2000 年起，首先在五县及市区部分学校试行教师轮岗制度，凡 1970 年 1 月 1 日以后出生的城镇中学在职教师，原则上都要被安排到本区（县）的农村学校、薄弱学校轮岗，城区符合条件的教师也可以跨行政区到郊、县农村学校轮岗，轮岗期间行政关系、工资关系等仍保留在原单位，工资、奖金、福利、医疗等待遇不变。南京市职称办、市教委等部门也专门作出规定：从城镇到农村学校轮岗的教师，在同等条件下优先晋升教师职务；轮岗时间在 2 年以上并在教育、教学工作中表现优秀的，可以破格晋升高一级教师职务；凡晋升高级教师职务的，原则上都要有 1 年以上在薄弱学校或农村学校任教的经历。

辽宁省沈阳市自 2003 年起开始在全市试行中小学干部、教师流动制。流动的条件是：教龄 5 年以上的中小学干部、教师，其中以小学高级教师和中学一级教师、高级教师为主。同时还规定，被分配到中小学任教的大中专毕业生，教龄满 5 年的必须交流，且每隔 3 年交流一次；校长交流的时限为 3～6年。到 2005 年，符合交流条件的校长交流比例要达到 50% 以上，符合交流条件的教师交流比例要达到 30% 以上。2005 年

年底沈阳市教育局出台了《关于进一步推进中小学干部教师交流工作的意见》。2006 年暑期，沈阳市城区中小学教师进行了大范围交流，5 个区共 2 055 名中小学教师在本学期内实现交流，占教师总数的 15%，其中 1 958 名教师为"人走关系走"。2007 年，沈阳市教育局负责人表示，只要工作满 6 年的教师，都有可能交流，未来 3 ~ 6 年，城区所有专任教师要交流一遍。

从 2003 年 7 月起，杭州市上城区教师调动正式试行"转会制"。其规定：凡是学校教育教学骨干教师，要求在区内调动，所在学校可视其培养和服务期限，与对方学校签订书面协议，进行有偿"转让"，所收取的补偿金专款用于教师教育。

北京市东城区自 2009 年起，实现全区各学校干部、教师全职跨校交流，教师跨校教研、跨校带徒、跨校送课等教师流动形式成为常态。东城区按照街道行政区域内的教育机构划分为 5 个学区，使每个学区内配有不同类型优质教育资源的品牌学校，在区域内实现教育资源的整合。学校之间可以共享设施设备、课程资源、人力资源。东城区各校中层以上干部 3 学年内至少完成为期 1 学期的学区全职跨校交流任务；深度联盟校中层以上干部每学年互派 1 人，完成为期 1 学期的全职跨校交流任务。每学年大约有 30 名干部实现跨校交流。根据需要，各校 3 学年内完成 15% 区级以上（含区级）骨干教师学区内为期 1 学年的全职跨校交流任务；深度联盟校的优质校区级以上（含区级）骨干教师，每学年完成单向不少于 1 人、为期 1 学年的全职跨校交流任务。全职交流教师根据接收学校需求，承担授课、助教或指导教育教学工作。每学年有 40 余名教师实现跨校交流。全职跨校交流的干部、教师，在与原单位签订聘用合同的同时，与接收单位签订为期 1 学期或 1 学年的岗位聘任协议书，人事关系仍保留在原单位，原则上享受原单位相应岗位的各项福利待遇，由原单位发放。设立专项编制，扩大优质校招聘教师比例，用于解决因教师交流造成的人员编制紧张问题，确保了优质校派出人员的数量，以补充教师。

2009 年起，福建省闽侯县、永泰县等实行"县管校用"模式，将教师的人事关系、工作身份全部归教育主管部门统一来管理。教师"是教育部门的人"，由教育主管部门派老师到学校任教。

安徽省铜陵市 2010 年开始探索建立教师流动制度，启动大规模的教师交流工作。从 2010 年起，凡是参选省级特级教师、省级教坛新星、市级以上模范、市级拔尖人才、市级学科带头人的教师，必须具备在边远学校或薄弱学校工作一年以上的经历。已被评为省级特级教师、省级教坛新星、市级拔尖人才、市级学科带头人的，每学年对农村中小学和薄弱学校教师业务指导、培训时间不少于 30 课时，教研员不少于 60 课时。规定凡是男 48 周岁以下、女 43 周岁以下，在同一所学校工作时间满 6 年的，必须进行交流；夫妻双方在同一所学校工作的必须交流一方，超编超员学校的教师必须进行交流等。2012 年起，全市中小学在职教师交流比例不少于 15%。教师交流的形式有自愿结对和组织协调。市直学校与偏远、薄弱公办学校采取"一对一""一对多"的形式，进行校际间交流。各校之间自愿结对交流，达成意向的要签署结对交流协议，并互派教师。对未形成自愿结对交流的学校，铜陵市教育局根据学校提供的交流教师名单和学科教师需求情况，统筹、协调安排教师交流。

湖北省武汉市淡化中小学教师身份管理，淡化教师校籍，强化教师区域管理。2010年6月，武汉市教育局下发通知，要求从当年起，义务教育学校50周岁以下男教师、45周岁以下女教师，在同一所学校任教满6年的，原则上要在区内进行交流。教师交流分个人主动性交流、教育局指令性交流和学区内校际教师交流三种形式。各区每年参加区内交流的教师人数要达到符合交流条件教师总数的7%以上。

江苏省泰州市从2010年起，定期将优质学校的市（区）级以上学科带头人、教学能手、教坛新秀和中青年优秀教师交流到其他学校任职、任教，逐步建立和完善相对稳定、流动有序、资源共享、均衡发展的教师交流机制。10年义务教育阶段学校校长、教师定期交流的比例达到15%，回归公办的23所改制学校要从起始年级实行教师流动，交流的比例力争达到10%。

2011年，浙江省嘉善县出台的《嘉善县义务教育学校教师流动工作实施细则》将流动分为学校中层及以上干部流动、名师流动、普通教师流动、新教师流动、特长教师流动五种类型。（1）学校中层及以上干部流动方面规定，校级领导在同一学校、同一岗位任职满6年及以上的正、副校长作为流动重点对象；中层干部原则上每3年组织一次流动，各校每届推荐1~2名流动对象；县教育局在全县统筹的基础上，一般每校选配流动1名。流动方法主要有培养型流动、优化型流动、任期型流动、回避型流动。（2）名师流动方面规定，用5年时间，使80%左右的县城区名师参与流动，使农村各校在基本学科上至少有1名县级名师引领。名师流动以个人申报和学校推荐相结合，县城区各校流动名师每年不得少于1名，名师流动服务时间一般为3年，3年后原则上回原单位。农村任教的各级各类名师享受的名师津贴是县城区名师的 3 倍，流动期间其编制带入相应的农村学校，由流入学校进行管理考核。（3）普通教师流动方面规定，流动对象为：在同一所学校连续任教满 3 年的教师；连续任教 6 年以上的教师为流动重点；连续任教 9 年及以上的教师，将由学校统筹安排择时流动。流动的方法包括，竞聘型流动、服务型流动、互动型流动、转岗型流动。（4）新教师流动方面规定，每年安排一定数量的当年新招聘教师在基地学校进行专业成长培养，期限一般为 1～2 年，期满后回原招聘学校任教，流动对象选择由县教育局统一安排。（5）特长教师流动方面规定，对于具有体育、艺术、信息技术、科技等专长的教师，由学校把关审核并上报县教育局核准，以学校公开聘用为主。

黑龙江省哈尔滨市一直都在尝试探索建立区域内校长、教师的有序流动机制。2012 年哈尔滨市的目标是在各区域内实现教师每年的流动量不低于教师和校长总数 10%，市直属学校要主动与农村地区和薄弱学校建立对口的帮扶关系，并通过多种形式组织送教下乡活动，主动接纳农村地区和薄弱学校的校长、教师进行跟班学习，同时也支持和鼓励各区市县在交通补助、边远贫困地区补助津贴等方面向薄弱学校倾斜，以解决教师的生活和工作困难。

上海市松江区 2012 年出台《关于 2012 年松江区教育系统师资有序流动的通知》，规定流动的对象为纳入教育系统机构编制管理的中小学、幼儿园、成人教育、职业教育和直属单位在编在职教师。流动原则包括，有利于教学原则、编制管理原则、合同管理原则、岗位设置管理原则、同级同类流动原则。申请流动的教师一般要求在原单位连续从事教育教学工作 6 年以上，且流出后不影响学校正常教育教学工作。各单位原则上可以申请调出 1 名教师（组织调动除外），超编单位可根据实际在不影响正常的教育教学工作情况下，适当增加 1 ~ 2 名教师流出。

第二节　研究现状

在中国知网（www. cnki. net）期刊库中，以"教师流动""教师交流"等为关键词进行标题搜索，然后通过对文章标题、摘要的逐一审读，剔除关于高校、职业院校教师流动或交流的文章，以及其他不相关的论文。截至 2014 年 7 月上旬，共搜索到 278 篇中文学术论文（见图 1 – 1）。

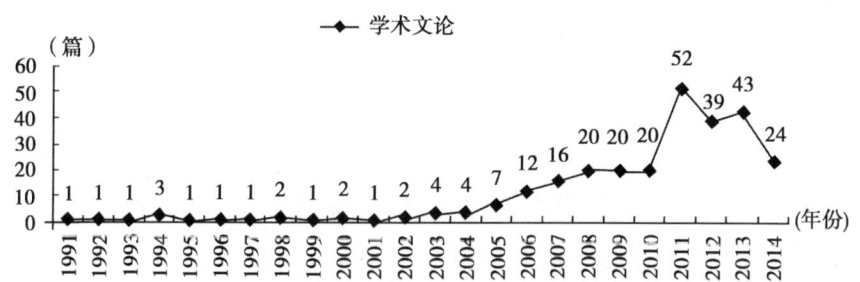

图 1 – 1　1991 ~ 2014 年国内学者发表的关于"教师流动"
"教师交流"的学术论文

同样，在中国知网（www. cnki. net）博士、硕士学位论文库中，以"教师流动""教师交流"等为关键词进行"题名"搜索，然后通过对学位论文的题目、摘要逐一审读，剔除关于高校、职业院校教师流动或交流的论文，以及其他不相关的论文。截至 2014 年 7 月上旬，共搜索到 78 篇博士、硕士学位论文（见图 1 - 2）。

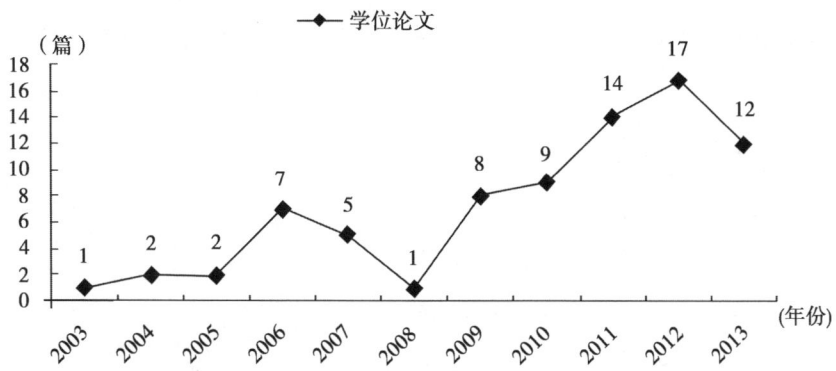

图 1 - 2　2003 ~ 2013 年国内研究生关于"教师流动"
"教师交流"的学位论文

从公开发表的学术论文和学位论文的统计数据可以看出，该数据呈现递增趋势。2000 年以后，研究的成果逐年增加，尤其是 2010 年以来，相关研究成果的数量呈现出激增趋势。这足以证明，关于"教师流动""教师交流轮岗""义务教育均衡发展"等问题的研究，日益受到国内学者、学生的关注，成为当前教育研究的热点问题之一。

一、国内关于教师流动的研究

1. 关于教师流动的类型

关于教师流动的类型，不同的学者依据不同的标准，将教师流动划分为不同的类型。依据教师流动的秩序可以划分为有序流动和无序流动。依据教师流动的调节机制可以划分为自发流动和政府调节的流动。依据教师人事关系变动与否来分，可以划分为刚性流动和柔性流动。依据流动的显性或隐性形式可以划分为显性流动和隐性流动。依据教师流动的动力来源可以划分为主动流动和被动流动。依据教师流动的方向，可以分为单向流动和双向流动。单向流动是指优质学校或城镇学校的骨干教师流动到普通学校或农村学校，而没有反向流动。双向流动则是指优质学校或城镇学校的骨干教师流动到普通学校或农村学校的同时，普通学校和农村学校的教师也流动到相应的优质学校或城镇学校。依据教师的工作方式，可以分为全职流动和兼职流动。全职流动是指参与流动的教师，不再承担派出学校的任何工作，而作为接收学校的一员，承担接收学校的满额工作量。兼职流动是指参与流动的教师，既承担接收学校的教育教学工作，同时还承担一部分原来派出学校的工作，即在两个学校同时任职。依据参与流动的对象，可分为择优流动与全体流动。前者是指择优选派一定层次以上的骨干教师进行流动；后者则是指全体教师都进行流动，每年按照一定的比例，如15%等，分批次进行流动。依据教师流动的地域范围，教师流动可以划分为区域内流动和跨区域流动。区域内流动是指教师在同一个区域或区（县）内不同学校之间进行的流动。跨区域流动则是指教师流动的范围超越了区域或区（县）而在不同区域之间进行流动。❶

2. 教师流动（流失）成因的研究

关于教师流动的成因，许多学者进行了研究。但这些学者所指的"教师流动"更多的是指教师自发的流动，是指落后地区、农村学校、薄弱学校的骨干教师的流失。当前的教师流动

---

❶ 郝保伟. 中小学教师流动：类型、问题及政策设计 [J] . 教学与管理，2012（11）.

除了教师自主流动外，还有基于促进教育均衡发展而由政府主导的流动。关于教师自发流动的原因，研究的内容较为丰富。学者们认为教师自发流动的主要因素有经济因素、管理因素、文化因素、个人因素、制度因素等。

夏茂林、冯文全（2010）认为，教师资源配置失衡根源于教师待遇的巨大差距，促进教师资源均衡配置必须调整城乡教师劳动力价格，建立教师流动的利益协调机制。[1]

张成芳、阳德华（2006）在探索教师流失问题时指出：教师流失，主要由工作压力、生活条件和自身素质等多方面因素引起，有必要制定出行之有效的策略来应对：（1）政府加大投入，改善学校环境，提高农村贫困地区教师的工资待遇；（2）改善学校内部管理；（3）大力发展校办产业；（4）建立合理的教师流动体制，保证农村贫困地区教师的回流。[2]

楼世洲、李士安（2005）从经济学"博弈论"与"成本—收益"分析出发，指出农村中小学校骨干教师流失是政府、学校与教师个人以"成本—收益"比较为基础而进行的"博弈"，同时还提出了调节"政策—市场—利益"之间均衡关系的几点建议。[3]

金晓梅（2003）认为，与公开的流失相比，教师的隐形流失（教师的精力外流）后果更为严重。究其原因有三：教师的

---

[1] 夏茂林，冯文全. 城乡教师资源均衡配置问题探讨 [J]. 教育科学，2010（2）.

[2] 张成芳，阳德华. 农村贫困地区中小学教师流失问题探索 [J]. 理论观察，2006（2）.

[3] 楼世洲，李士安. 农村中小学校骨干教师流失的分析和思考 [J]. 师资培训研究，2005（9）.

工资待遇低，市场经济对教育的冲击，教师的职业道德缺失。❶

杨衍江（1998）对教师的流失及回流问题进行了论述。他认为，教师的流失与回流现象的产生均主要是取决于经济方面的原因，即取决于教师可能获得的工资率，尤其是教师工资水平在劳动力市场价格体系中所处的相对地位。❷

程凤春（1996）在思考中小学教师流动问题时指出，外流的教师中青年教师比例大，高学历者多，骨干教师多，男教师多。同时，潜在的教师资源——师范院校的生源短缺。他认为造成教师流失的根本原因在于教师的工资待遇以及管理不善引起的学校内部矛盾。❸

李盛聪（1994）认为，造成教师流失的根本原因来自教育外部、教育内部和个人三个方面。具体来说，是教师职业地位低、教师工作缺乏创造性、个人追求经济利益。他建议：提高教师工资和待遇；改革教育管理，建立内部激励机制，解决好教师的后顾之忧；树立正确的教育目标；提高教师自身的素质。❹

3. 关于教师流动的制度化研究

一些学者从制度角度来研究教师流动问题，尝试构建教师流动制度。

李伟涛（2010）和冯文全、夏茂林（2009）提出了"教

---

❶ 金晓梅. 不可忽视的教师隐形流失 [J]. 湖南教育，2003（5）.

❷ 杨衍江. 教师的流失与回流：成因、趋势与对策——一种特殊劳动力市场的分析 [J]. 江西社会科学，1998（6）.

❸ 程凤春. 对中小学教师流失问题的思考 [J]. 北京师范大学学报：社会科学版，1996（3）.

❹ 李盛聪. 关于中小学教师流失问题的思考 [J]. 教育改革，1994（12）.

师流动机制"的概念。对于"机制",他们虽未进行细致的概念界定,但研究的侧重点仍是倡导建立适合我国的教师定期交流制度,构建县域内及跨县域的教师流动制度。在机制构建的细节上,他们关注教师的生存与发展,建议制定人性化的制度,重视教师在幸福感、责任感和成就感等方面的心理感受。如果对教师流动根本性的问题缺乏深入细致的研究和分析,就很难实现基础教育的均衡发展,更难以彰显教育的公平。此外,现有研究缺乏从政府、学校、教师视角对教师流动进行系统的阐释,鲜有教师流动机制建构的理论论证和实证研究。当下对教师流动研究比较注重各个微观角度的分析,导致教师流动相关因素与策略的割裂,缺乏教师合理流动的可行性策略。

贾建国(2009)从新制度主义的视角研究了城乡教师合理流动的制度制约因素,包括正式制度如教师人事制度、教师工资制度、教师编制制度、社会保障制度以及一些阻碍教师流动的观念、认识等非正式制度,并给出了化解这些制度阻力的建议。❶

陈阳(2007)从"制度化"视角对构建教师流动制度进行了研究,对引起我国中小学教师不合理流动的制度原因进行剖析,揭示出导致目前我国中小学教师流动无序、失衡的正式制度和非正式制度之根源,即我国教师流动失衡、无序可归结为正式制度的缺失和非正式制度惯性的影响。他还提出了实现我国教师合理流动的制度路径:推动以政府为主导的正式制度创新,加强非正

---

❶ 贾建国.我国城乡教师流动制度创建的制度阻力探析 [J].教育科学,2009(10).

式制度建设。❶

庞丽娟（2006）教授认为，必须加强城乡教师的流动，并且使这种流动趋于制度化，才能从根本上解决农村教师队伍整体素质不高的问题。教师的身份和法律地位是教师队伍建设的根本性问题，也是建立教师城乡流动和管理制度时需要考虑的前提因素。❷

咎尔丽（2006）对我国城乡义务教育教师流动制度供给的影响因素进行了研究，认为影响教师流动制度供给的推动因素包括教育环境、制度本身需求和制度供给主体三方面，揭示了教师流动制度供给的客观必然性；影响教师流动制度供给的阻碍因素包括利益主体、制度供给能力和制度环境三方面，揭示了制度供给的现实性。❸

王新华（2006）从新制度经济学的视角分析了我国义务教育阶段教师流动的制度建设，研究了教师流动制度建设的可行性和必要性；探讨了如何进行制度建设，并探讨了教师流动制度的非正式约束、教师流动的正式制度建设、教师流动制度的推行建议、教师流动制度的伦理道德意义的彰显、教师流动制度环境的完善等问题。❹

---

❶ 陈阳. 中小学教师流动的制度化研究 [D]. 长春：东北师范大学，2007.

❷ 庞丽娟. 加强城乡教师流动的制度化建设 [J]. 教育研究，2006（5）.

❸ 咎尔丽. 我国城乡义务教育教师流动制度供给的影响因素 [D]. 北京：首都师范大学，2008.

❹ 王新华. 关于我国义务教育阶段教师流动制度建设的新制度经济学分析 [D]. 大连：辽宁师范大学，2006.

4. 关于促进教师合理流动的研究

随着对教师流动问题研究的不断深入，越来越多的学者认识到教师个人自发流动是社会的需要，❶ 是教师为家人创造优越生活条件的需要，也是教师寻求合适生存环境、最大限度地实现个人价值的需要，对教师流动给予了积极肯定。但是，由于我国义务教育阶段教师流动机制还不完善，影响教师流动的因素又是多层次、多方面的，所以现阶段教师流动多是"单向上位"流动。针对这种不合理的流动，很多学者探讨了其疏导途径，主要有教师的人事制度和社会保障制度、教育政策、教师工资以及人文管理等方面。

（1）改革教师人事制度和社会保障制度。薛正斌和刘新科认为，应该实行教师的"无校籍管理"，将中小学教师的管理权收归地方行政部门，由地方教育行政部门统一聘任、统一管理人事、统一配置师资。❷ 还有学者提出，实行教师公务员制，❸ 把去偏远地区和经济发展较慢地区执教作为教师的一项权利和义务。与此同时，学者们还提出要加强社会保障制度，落实相应的配套性支持措施，比如实行"教师特殊津贴制度"，完善奖励、惩罚制度等。

（2）缩小城乡教师收入差距。邓涛和孔凡琴的调查显示，城乡教师收入差距主要在于工资以外的额外收入。因此，有学者指

❶ 薛正斌，刘新科. 社会流动视域下的中小学教师流动 [J]. 宁夏社会科学，2010（5）.

❷ 程凤春. 对中小学教师流失问题的思考 [J]. 北京师范大学学报：社会科学版，1996（3）.

❸ 张馨芳. 论农村中小学教师合理流动的实践路径 [J]. 当代教育论坛，2009（7）.

出应该统一教师福利发放标准,❶ 提高在农村学校或是薄弱学校服务的教师收入,给农村教师更多的运用其专业技能的机会。冯文全和夏茂林指出,可以利用市场的作用促进教师资源的均衡配置,应该运用行政手段,重新调整城乡教师的劳动力价格,用劳动力价格也就是教师的工资待遇来调控教师资源的供需平衡。

(3) 加大农村教育的政策扶持力度。学者们提出,政府要改变以往偏向城市、重点学校的教育政策,相反的,应该偏向农村,加大对农村教育经费的投入力度,改善农村教师的生活以及工作环境;对于那些在农村服务的教师给予相应的奖励措施。覃学健和杨挺认为,应该完善绩效工资制度和支教制度,考虑将教师支教作为未来晋升职称、参加优秀教师或是特级教师评选的必备条件或先决条件。❷

(4) 增加对教师的人文关怀。学校对教师应该实行人性化管理,增加对教师的人文关怀。罗章和张朝强从人力资本的角度出发也提出了相似的论断,他们认为学校管理的非人性化使学校缺少了吸引力和凝聚力,从而导致人力资本使用性和增值性的效率降低。❸ 还有学者提出,应该健全教师代表制度,完善教师工会的职能,明确教师代表在学校管理中的地位和作用,保证教师参与学校的管理活动。邵学伦也提出,教育管理者应该注重校园文化建设,为教师的发展提供机会,满足其成就感,通过"事业留人,

---

❶ 邓涛,孔凡琴. 关于推进基础教育师资配置均衡化的思考 [J]. 中国教育学刊, 2007 (7).

❷ 覃学健,杨挺. 绩效工资背景下教师流动制度新思考 [J]. 当代教育科学, 2010 (15).

❸ 罗章,张朝强. 城乡统筹背景下教师流动机制研究 [J]. 西南农业大学学报:社会科学版, 2010 (6).

感情留人"。❶

5. 关于建立中小学阶段教师流动机制的研究

韩淑萍（2009）认为，要让教师合理流动，首先要改变管理者的观念，视教师为"系统人"，而不是"单位人"；教师作为一种人力资源不能只"占有"而不"流动"，否则教师的价值得不到充分利用，应从管理和制度上给予教师流动的机会，采取补偿机制鼓励教师合理流动，让教师"流而不失"。同时她还提出了几种教师流动模式：定期流动制度，支教制度，教师转会制。❷ 胡延亮（2008）通过借鉴国外中小学均衡发展经验，对建立教师合理化的流动机制提出了建议：扩大优质教育资源的供给，实现教师"定期流动制"，发行教育券，实现个体就学机会均等，加强教育薄弱地区和薄弱学校的改造。❸ 瞿瑛、方荣权（2006）提出骨干教师定期校际轮岗流动制，实现师资水平公平，即通过体制改革，建立同一区域内各校骨干教师轮岗、交流制度，按照一定比例和年限将基础较好的小学、初中的名师轮流到薄弱学校任教，帮助、指导薄弱学校提高教学质量，从而缩小学校间的差距，提高教师队伍的整体素质，促进义务教育均衡发展。❹ 尹博（2002）提出建立教师双向交流机制，合理调配现有教师资源，减少教师流动的盲目性，促进各校师资的余缺互补，并应建立区镇中小学教师

---

❶ 邵学伦. 关于中小学教师流动问题的思索 [J]. 山东教育科研, 2002 (8).

❷ 韩淑萍. 我国教育均衡背景下教师流动问题研究述评囤 [J].教育导刊, 2009 (1).

❸ 胡延亮. 建立义务教育均衡发展机制研究 [D]. 济南: 山东大学, 2008.

❹ 瞿瑛, 方荣权. 义务教育均衡发展的对策——实现区域性教育公平的举措 [J]. 基础教育研究, 2006 (1).

轮流下乡支教制度。❶

二、国外关于教师流动的研究

1. 美国关于教师流动的调查研究

美国教育部所属国家教育统计中心（NCEs，The National Center for Education Statistics）定期对全美中小学教师展开调查，了解公立学校和私立学校教师信息和人员变动情况。其中两项重要调查是为期一学年的学校和教职人员调查（SASS，Schools and Staffing Survey）与教师追踪调查（TFS，Teacher Follow－up Survey），它们是反映美国中小学教师流动状况的两个重要实证研究。美国国家教育统计中心最新的教师追踪调查（TFS）显示：2004～2005学年度，在320多万名公立学校教师中，约有84%的教师仍留在原来的学校继续任教，约占8%的教师选择另一所学校任教，估计有近27万名教师（占8.4%）选择离开教学岗位。当时美国中小学教师流动趋势主要表现为：美国中小学教师流动呈逐年上升趋势，与公立学校相比较，私立学校教师的离职率更高；在年龄和教龄构成上，美国中小学教师流动在年龄上呈相对低龄化和低教龄化趋势；在性别构成上，男性教师比女性教师更容易流动，且全美中小学男性教师群体逐渐萎缩；在地域构成上，无论城市和乡村公立学校流动教师总体高于私立学校，而私立学校离职教师远高于公立学校；教师流动使公立和私立学校的教师队伍构成未能反映学生人口的文化多样性需要。美国中小学教师流动主要有三个方面原因：一是学校教师获得教学岗位（所教学科、年级、

---

❶ 尹博. 对贫困地区中小学教师内部流动问题的思考［J］. 现代中小学教育，2002（4）.

教学任务等）的机会、对管理者支持的满意度、教学工作环境等是影响教师流动的重要动因；二是学校教师的薪水和福利保障仍是影响教师流动的主要动因；三是学校教师退休、家庭、健康以及其他个人和学校因素，也是影响美国中小学教师流动的不可忽视的因素。❶

美国哈佛大学博士苏萨·莫尔（Susan Moore Johnson）和萨拉（Sarah. EBirkeland）在马萨诸塞州对 12 所中小学校的老师进行追踪调查发现，有很多新教师流动的情况，其原因主要有：遭受教学任务及资源分配的不公平待遇；所在学校管理混乱无序；向往更好的教学环境，希望有机会与经验丰富的教师交流以增强自己的能力，使自己更加专业化，而学校领导的无能或品质不良也是其流动的重要原因。❷

2. 日本教师流动的实践研究

日本的"教师轮岗制度"始于第二次世界大战后，到 20 世纪 60 年代初已趋于完善，并形成制度。日本各都道府县的教师流动政策主要方面是一致的。在流动对象上，如东京都规定：（1）凡在一线连续任教 10 年以上及新任教师连续任教 6 年以上者；（2）为解决定员超编而有必要流动者；（3）在区、市、街道、村范围内的学校及学校之间，如教师队伍在结构上（专业、年龄、资格、男女比例等）不尽合理，有必要调整而流动者。对不应流动者也作了相应规定，如任教不满 3 年的教师、57～60 岁的教师、妊娠或休产假期间的教师等。日本教师流动的地域一般在同一市、

---

❶ 项亚光. 当今美国学校教师流动的新动向 [J]. 外国中小学教育，2008 (5).

❷ 周春林. 教育均衡发展背景下城乡中小学教师流动问题研究——以重庆市沙坪坝区为个案 [D]. 重庆：西南大学，2011.

街区、村之间流动，或跨县一级（相当于我国的省一级）行政区域间流动，前者所占的比重大。教师可在同级同类学校之间流动，如从小学流向小学，从高中流向高中等；也可以在公立基础教育各类学校之间流动，如从高中流向特殊教育学校，从初中流向小学等。从流动时间上看，日本的中小学教师平均每6年流动一次。同时，日本政府还制定了一系列配套措施，如为了吸引教师流动到偏僻地区工作，采取一系列措施，提高这些地区教师的待遇等。

教师流动制度加强了教师与教师之间的交流，使每一位教师的能力得到充分发挥，使得整个教师队伍具有活力；打破了地方主义和本位主义，加强了校与校之间的相互协作以及师资尤其是优质师资的均衡配置，促进各地区尤其是偏远地区的教育均衡发展。但是，其过于程式化以及行政命令式和按部就班的实行方式，客观上容易压制和影响年轻骨干教师脱颖而出。

3. 韩国教师流动的实践研究

20世纪70年代，韩国中小学校的教育差距较大，呈现出一流、二流和三流三个不同层次。因此，韩国实行中小学教师"互换制度"，规定每隔一定年限，教师都要轮换一次，以确保各学校师资水平的均衡发展。韩国教师流动的对象主要有：中小学校长、校监（相当于中国的教导主任）和中小学教师。公立学校的校长工作4年之后，将被安排轮换到另一所学校工作。中小学教师在同一所公立学校的工作年限为4~5年。韩国根据各地区的城市化水平程度，将所有学校的人事管理行政区划分为五级区域，分别为Ⅰ区域、Ⅱ区域、Ⅲ区域、Ⅳ区域和Ⅴ区域，教师在不同区域之间流动，年限不等。流动的类型包括定期轮岗和不定期轮岗，特聘轮岗和缓期轮岗，不同级别的校级轮岗，初中教师的跨教育厅轮岗，跨市，道间的教师轮岗等。为了促进城乡教师轮岗制度的顺利实施，韩国政府还制定了有关流动教师的经济待遇、研修机会、职务晋升等方面的保障措施，特别是提高了偏远贫困地区的教师待遇。

韩国"互换制度"的实施有利于稳定农村教师、改善薄弱学校的教育环境、均衡校际和区域间师资差异，尤其在提高农村教师素质和农村教育质量上发挥了巨大作用，进而加快了韩国实现教育公平和教育均衡发展的步伐。

4. 对上述研究的评析

近几年来，教师流动越来越成为国内学者们研究的热点之一，研究成果越来越多，研究的视角呈现多元化，研究的深度逐渐增加。目前国内学者对国外教师流动问题的研究较少，少部分学者对国外教师流动进行了比较研究，但成果不多。同时，研究的深度尚浅，缺乏深入系统性研究，缺乏大样本的实证研究，缺乏不同区域的比较研究。尽管如此，学者们的研究成果和研究视角仍具有较高的理论价值和实践意义，对我国各级政府出台教师流动政策发挥了积极作用。同时，也为本研究打下了良好的研究基础。

第二章 教师流动的概念、类型、理论基础与现实需要

第一节 相关基本概念的界定

本研究涉及一些基本概念，如中小学校、教师流动、制度、机制等，对这些核心概念内涵和外延的界定，有利于准确理解、正确把握研究的基本内容，以及研究的基本边界。

一、中小学

中小学，包括小学和普通中学，也可以称为中小学校。小学是指我国现行国民教育序列中实施初等教育的组织机构，即我们简称的"小学"。普通中学，是指我国现行国民教育序列中实施中等教育的组织机构，即初中和普通高中，不包括实施中等职业教育的学校。本文中的"教师"是指在中小学专门从事教育教学工作的教师。

二、教师流动

美国著名社会学家索罗金，在充分了解了社会成员向多元化方向分化的社会性层次结构之后，对社会流动这一名词作了较为详细的解释：因个人或社会事物、价值等（亦即人的活动）而发生或是变动的所有从某一社会位置开始的移动，都称之为社会流

动。我国著名的社会学家陆学艺教授将社会流动定义为："社会成员从某一社会地位转移到另一社会地位的现象。"❶社会学家郑杭生教授依据流动的不同方向，将社会流动划分为水平流动和垂直流动两种。其中，水平流动是指"人们在同一个社会垂直分化阶段内部的位置移动"，而垂直流动是指"人们在一个分导结构层面中的不同阶层之间的流动"。❷在参考了国内外学者对社会流动所做的不同诠释之后，姜勋对教师流动作了类比解释，认为教师流动是"教师在社会关系空间中从某一地位向另一地位的位移"；另外，"由于社会关系空间与地理空间具有密切的联系，因此，一般把教师在地理空间的流动也归于教师流动"。❸李启咏将"教师流动"界定为"教师在不同地域、不同学校之间所进行的合理流动和轮换执教，以求消除师资力量的过分悬殊和保障公民平等接受教育的权利以及保证整个国民教育的健康进行"。❹相比之下，毕正宇则在一个更加理想和完美的状态中，对"教师流动"作了更为具体和直观的解释。他认为："教师流动是教师'改行'与'改校'的一种社会现象。所谓'改行'是指具备教师合格条件的劳动者进入或退出教师劳动力领域；所谓'改校'是指在职教师由现任学校转入另一所学校任教，即教师在教师劳动力领域内的流动。"❺靳希斌教授在《市场经济大潮下的教育改革》中认

---

❶　陆学艺．研究社会流动的意义［J］．中国党政干部论坛，2004（8）．

❷　郑杭生．社会学概论新修［M］．北京：中国人民大学出版社，1999.

❸　姜勋．经济欠发达地区乡镇中学教师流动的现状及对策研究——以江苏东海为个案［D］．福州：福州大学，2004.

❹　李启咏．我国迫切需要建立师资流动制度［J］．教学与管理，2002（6）．

❺　毕正宇．黄冈市中小学教师流动流失问题研究［D］．武汉：华中师范大学，2003.

为，教师流动主要是指具备一定条件的合格劳动者选择了教师职业或在职教师放弃这一职业，以及在职教师由现任职学校转入另一所学校任职。❶闫引堂从社会流动角度指出，教师流动应包括教师横向流动即指教师在地域、行业、学校之间的流动，和教师纵向流动，即指教师身份的获得以及教师的升迁等。❷

综上所述，教师流动是指教师人力资源在教育与其他行业之间、在教育系统内部不同学校、不同地域之间进行重新配置的过程。前者是指在职教师放弃教师职业，退出学校教育领域，我们称之为"外部流动"；后者即指在职教师由现在职学校转入另一所学校，或者由所在地区转向另一个地区任教，我们称之为"内部流动"。教师流动，其本质是教师人力资源的二次配置。本研究中的教师流动，主要是指教师在教育系统内部、在不同学校之间的流动。

在研究领域和政策实践中，对于"教师流动"，有很多不同的称谓，如"教师轮岗""教师交流""教师走校制""轮岗交流"等，这些不同称谓之间，其内涵大同小异，在外延上却存在诸多区别。本文不作严格区分，统一以"教师流动"一言代之。

三、教师流动制度

制度的本质是大家共同遵守的行为准则，不同的制度对人们的行为有着不同的规范要求。美国经济学家、诺贝尔经济学奖获得者道格拉斯·诺斯认为，制度是一系列被制定出来的规则、守

---

❶ 靳希斌. 市场经济大潮下的教育改革 [M]. 广州：广东教育出版社，1998：309.

❷ 闫引堂. 国家与教师身份：华北某县乡村教师流动研究 [D]. 上海：华东师范大学，2006.

法秩序和行为道德、伦理规范，它旨在约束主体福利或效应最大化利益的个人行为。

制度一般包括正式制度、非正式制度和实施机制三个组成部分。正式制度总是与国家权力或某个组织相连，是指这样一些行为规范：它们以某种明确的形式被确定下来，并且由行为人所在的组织进行监督并用强制力保证实施，如各种成文的法律、法规、政策、规章、契约等。非正式制度是指对人的行为不成文的限制，是与法律等正式制度相对的概念，包括价值信念、伦理规范、道德观念、风俗习惯和意识形态等。正式制度和非正式制度作为制度的两个不可分割的部分，是一个对立的统一体，既相互依存，在一定的条件下又可以相互转化。同时，非正式制度具有自发性、非强制性、广泛性和持续性，而正式制度则不同。

教师流动制度则是指规范教师流动行为的规则、体系，对教师流动行为和行动现象具有指导性、约束性、规范性和程序性等功能，是直接规范教师流动行为的制度安排。

四、机制

"机制"原指机器的构造和动作原理，生物学和医学在研究一种生物的功能时，通常通过类比来借用此词，借指其内在的工作方式，包括有关生物结构组成部分的相互关系，以及其间发生的各种变化过程的物理、化学性质和相互关系。当阐明一个生物或医学概念使用到"机制"时，就意味着对它的认识已从现象的描述深入到了本质的说明。后又发展成为一个泛指的概念，即《现代汉语词典》中的解释：机制，泛指一个系统中各元素之间相互作用的过程和功能；也就是说，其可泛指为系统内部的有机制约关系及其运行机理。现在，机制已扩展到了经济、社会、管理和教育等诸多领域，与用于自然科学的早前相比，现在更多地为社会科学所使用，可以理解为机构和制度。但更多的情况下是与体制相对应出现的，即机制是通过建立与之相应的体制来在实践中得到体现的，与体制是相对静态的实体相对，机制则是指实体的运作原理及其功能和效应的动态过程。

第二节　教师流动的类型

关于教师流动，依据不同的标准，可以将教师流动划分为不同的类型。依据参与流动的教师的人事关系变动与否来分，可以划分为刚性流动与柔性流动；依据流动的方向，可以分为单向流动与双向流动；依据参与流动的教师的工作承担，可以分为全职流动与兼职流动；依据流动的对象，可以分为择优流动与全体流动；依据流动的地域范围，可以分为区域内流动和跨区域流动。

一、当前中小学教师流动的类型与特点

1. 刚性流动与柔性流动

依据参与流动的教师的人事关系变动与否，可以将教师流动分为刚性流动与柔性流动两种类型。

刚性流动，亦称带人事关系的流动或称"人走关系走"的流动，是指在流动期间参与流动教师的聘任合同关系发生变动，从派出学校随迁到接收学校。在形式上，参与流动的教师与原来派出学校解除聘任合同关系，再与接收学校重新签署聘任合同；在法律身份上，参与流动的教师已经成为接收学校正式聘任的教职工，而与原来派出学校再无任何法律关系。北京市怀柔区、密云县、延庆县分别出台了教师带人事关系流动的政策，流动对象主

要以没有山区任教经历的教师为主。交流时间为 2～3 学年。范围分为从城镇到农村的单向交流（怀柔区）和城镇与农村互派的双向交流（密云和延庆县）两种。交流期间，教师福利待遇由接收学校发放，区县教委给予评优优先的鼓励措施。❶

柔性流动，或称不带人事关系的流动，是指参与流动的教师其聘任合同关系不动，仍保留在原来的派出学校，在法律关系上，其身份仍然是原来派出学校的职工。流动期间，全职任教于接收学校。北京市原东城区、门头沟区、大兴区先后出台了教师不带人事关系流动政策。教师流动的对象根据本区情况分别定位为中层以上干部、区级以上骨干教师、退休教师或学校超编人员。流动时间为 1 学期到 1 学年不等。范围均为区域内优质资源校到薄弱校，或城镇校到农村校。交流期间，区县教委给予流动补贴或优先评优评职等福利待遇。❷ 另外，在"十一五"期间，北京市曾选派了大批城镇优秀教师赴远郊区县支教，支教也是教师流动的一种形式，属于柔性流动，因为支教教师的人事关系没有变更。

2. 单向流动与双向流动

依据教师流动的方向，可以分为单向流动与双向流动。单向流动是指优质学校或城镇学校的骨干教师流动到普通学校或农村学校，而没有反向流动。双向流动则是指优质学校或城镇学校的骨干教师流动到普通学校或农村学校的同时，普通学校和农村学校的教师也流动到相应的优质学校或城镇学校。双向流动，其实质是教师的"校—校轮岗""顶岗交换"。

---

❶ 北京市中小学教师流动现状调研报告 [R]．北京：北京教育科学研究院教师研究中心，2010.

❷ 北京市中小学教师流动现状调研报告 [R]．北京：北京教育科学研究院教师研究中心，2010.

3. 全职流动与兼职流动

全职流动是指参与流动的教师，不再承担派出学校的任何工作，而作为接收学校的一员，承担接收学校的满额工作量。兼职流动是指参与流动的教师，既承担接收学校的教育教学工作，同时还承担一部分原来派出学校的工作，即在两个学校同时任职。北京市怀柔区、密云县、延庆县的教师流动属于全职流动，北京市实施的学校之间"手拉手"活动和北京市原东城区的"深度联盟"等属于兼职流动。

4. 择优流动与全体流动

依据参与流动的对象，可分为择优流动与全体流动。前者是指择优选派一定层次以上的骨干教师进行流动。后者则是指全体教师都进行流动，每年按照一定的比例，如 15% 等，分批次进行流动。如江苏省教师流动属于全体流动。《关于江苏省义务教育优质均衡改革发展示范区建设意见的通知》（苏政办发［2010］65号）规定，校长和教师依法实行定期交流制度，校长在同一学校连任不得超过两届，教师按照每年不低于专任教师总数 15%、骨干教师按照每年不低于骨干教师总数 15% 的比例进行交流。❶ 实践表明，择优流动更加符合教师流动政策的价值取向。

5. 区域内流动和跨区域流动

依据教师流动的地域范围，教师流动可以划分为区域内流动和跨区域流动。区域内流动是指教师在同一个区域或区（县）内不同学校之间进行的流动。跨区域流动则是指教师流动的范围超越了区域或区（县）而在不同区域之间进行流动。区域内流动是

---

❶ 《关于江苏省义务教育优质均衡改革发展示范区建设意见的通知》（苏政办发［2010］65号）.

当前我国各个地方教师流动的主导形式。跨区域流动主要体现在"援疆""援边"等的教育举措中，如北京对口支援新疆和田地区，市教委每年选派一批优秀教师赴和田支教。北京市"十一五"期间的"支教"也是跨区域流动的一种。

6. 水平流动和垂直流动

所谓水平流动，是指教师在学校同一地位等级的职业系列中，从一种职位流动到另一种职位，如一个主抓教学的副校长换岗后主抓德育工作，级别不变。垂直流动，即上下流动，教师在不同地位等级的职位系列中，从一种职位流动（晋升或降职）到另一种职位，如一个普通教师提升到学科教研组组长。

二、不同类型教师流动的利弊分析

在政策实践中，由于政策设计差异所导致的不同类型的教师流动，其利与弊、遇到的困难和问题，以及原因都既有共同之处，也存在一定差异。

1. 教师刚性流动遇到的问题主要是现行教师管理体制方面的障碍

（1）强行推进教师流动，单方面更换教师聘任合同主体，涉嫌违反《教师法》。《中华人民共和国教师法》第十七条规定："学校和其他教育机构应当逐步实行教师聘任制。教师的聘任应当遵循双方地位平等的原则，由学校和教师签订聘任合同，明确规定双方的权利、义务和责任。"这说明，教师和学校签订的是聘任合同，是一种劳动合同关系，双方法律地位平等。而若强行推进教师流动，擅自改变教师的人事关系，则势必造成学校单方面违约，教师完全有权利拿起法律的武器维护自身的权益。同时，在聘任合同关系中，教师和学校才是合同的双方主体，作为各级教育行政部门则无权染指这一聘任合同关系。

（2）现行中小学教师编制制度和标准制约着教师流动。根据我国现行的教育编制制度，编制权限主要是由各级编办控制，依据财政"大盘子"而非教育事业发展的实际需要来核定教师编制总量。各级教育行政部门只能在编办核定的编制总量的前提下，在各个中小学进行调配，没有根据教育发展实情及时增减编制的权力。在现行中小学教师制度和编制标准下，绝大多数中小学教师编制偏紧，"一个萝卜一个坑"，教师工作量满额，甚至出现一人多岗、超负荷工作的情况。在这种情况下，学校难以抽出教师参与流动。若派出教师参与流动，其工作岗位由谁来顶替，这对校长来说都是不小的难题。编制紧张，是制约各类教师流动的一个共性的管理体制障碍。

（3）学校岗位设置比例结构给合理安排流动教师的岗位带来难题。现行的教师管理是按岗位设置来管理的。学校教师的各级各类岗位比例结构相对固定，与学校教师的职称、绩效工资密切相关。若接收流动过来的教师，而学校却不能提供与其职称相应的岗位，则会造成高职低聘、缺少岗位等现象。这会影响流动教师在接收学校的地位和工资收入，挫伤他们的工作积极性。

教师刚性流动在实际的学校管理中也存在一定的益处。教师的人事关系随迁到接收学校，完全成为新学校的一名正式教师，则有利于接收学校对其的日常管理，如工作安排、管理考核、职称评定等。同时，这样也能促使流动教师在新的学校安心踏实工作，做出成绩。

2. 在柔性流动中，教师的日常管理存在困难

（1）柔性流动给教师的职称评审带来风险。参与柔性流动的教师，其人事关系仍保留在原学校，因此其职称评审也应该在原派出学校评审，使用原派出学校的指标。但事实上，参与流动的

教师并未在原学校工作，对其工作的质与量、工作绩效既难以考核，也存在着考核的客观、公正问题，难以以此作为职称评审的依据。若职称评审占用接收学校的指标，一方面与教师管理体制不相符，毕竟其人事关系不在接收学校；另一方面，会造成接收学校教师的不满。因此，在柔性流动中，参与流动的教师其职称评审必然面临着一定风险。

（2）参与柔性流动的教师的绩效工资难以衡量。上述中，一方面，由于派出学校对参与柔性流动的教师的工作难以考核，其绩效工资也就难以衡量；另一方面，在一些边远山区，在编教师都享有一定的山区工作岗位补贴，依据山区的边远程度，其岗位补贴有所差异。如若参与流动的教师，其人事关系没迁到山区学校，还在原来城镇学校，则不能享受山区岗位补贴。同工不同酬，这对他们来说是不公平的，会影响他们的工作积极性。

（3）参与流动的教师的日常管理与评价存在两难。对流动教师的日常管理与考核是不可或缺的，是流动政策取得实效的重要保障。但对参与柔性流动教师的日常管理与考核却存在两难。若由接收学校考核，校方很可能会碍于情面，把流动教师当作"客人"，从而使考核流于形式，毕竟教师的人事关系不在接收学校，不是学校的正式教师。若由原派出学校考核，则又不太现实，毕竟教师在另外一所学校工作，原学校对其实际工作状态不了解，考核很有难度，也有失客观与公正。

3. 单向流动与双向流动的利弊分析

双向流动，即优质学校既派出骨干教师流动到普通学校，同时又接收普通学校的教师流动进来。当流出与流入教师的任教学科一致时，就可以解决学校因派出教师而造成的岗位空缺情况，由流入进来的教师顶岗工作，从而缓解学校管理困难。同时，普通学校的教师到优质学校任教上课，参与各种教育科研活动，可以更好、更快地体验优质学校的文化氛围，学习先进的理念和教育教学经验，提升自己的专业水平。这对于普通学校来说，起到了"双管齐下"的帮扶效果。相对于单向流动，双向流动能够更好地积累教师流动政策的效果，实现政策目标。

4. 全职流动与兼职流动的利弊分析

参与全职流动的教师，可以全身心地投入到流入学校的教育教学工作，能够更快地熟悉、适应新的工作和生活环境，更快地做出工作成绩。弊端则是完全脱离了原学校，其先进理念的更新、经验的积累等有可能暂时放缓或中断。

参与兼职流动的教师，则面临着"两头忙"的现实；穿梭于原来派出学校和流入学校之间，工作量增加，辛苦忙碌程度增大，很可能两所学校的工作质量都受到一定影响。有利的方面则是，由于没有脱离原学校的工作，能够及时地将先进的理念等传递给流入学校的教师。

5. 择优流动与全体流动的利弊分析

选择骨干教师进行流动，这样的政策安排，更契合了教师流动政策的价值取向。骨干教师，尤其是优质学校的骨干教师，作为教师队伍中的佼佼者，其理念先进，爱岗敬业，教育教学经验、"带徒弟"指导青年教师的经验、学科建设经验等，都较之非骨干教师丰富许多。他们到了普通学校、农村学校之后，能够更加有成效地指导青年教师成长，提升普通学校的教育教学水平。

全体流动的政策对象是全体教师，即全体教师都需要进行流动，包括骨干教师和非骨干教师，每年选派一定比例进行流动。非骨干教师流动到普通学校，由于其经验、资历都尚浅，在普通学校发挥的引领示范作用必将远逊于骨干教师，从而影响了教师流动政策的政策效果。

6. 区域内流动和跨区域流动的利弊分析

教师在区域内流动，具有以下几个方面的益处：一是在同一区域内，学校之间、教师之间平时多有往来，相互较为熟悉，易于沟通，便于开展工作；二是同一区域内距离相对较近，教师在交通、生活上面临的困难较小；三是同一区域内文化氛围、生活习俗习惯等差异不大，教师的"水土不服"问题较小；四是同一区域内教师的绩效工资差距相对较小，客观上有利于教师在校际间流动。

而在不同的区域之间，由于距离较远、生活习俗习惯差异较大、区域间的绩效工资相差比较大等，教师面临的上述困难和问题则较为突出，这在很大程度上给跨区域流动教师的生活质量和工作实效带来不利影响，消解了教师流动政策的实效性。

教师流动是一项复杂的工作，不同的政策安排，不同的政策内容侧重点，其面临的困难和问题也各有不同。但这些困难和问题都不是孤立的，而是相互联系、纠缠在一起的。不同的问题，其根源可能归结为同一个体制性症结。

7. 水平流动和垂直流动的利弊分析

教师在不同岗位之间的水平流动，使得教师能够在不改变岗位等级、待遇的情况下，从事新的工作，这有利于克服教师长期在一个岗位上造成的职业倦怠、创造力缺乏、工作积极性不足等问题，同时还能在新的工作岗位得到历练，提升自己多方面的工作能力。其弊端在于，需要改变原有的工作内容、工作节奏和思维定式，短时间内难以适应新岗位的工作。

教师在不同岗位等级之间的流动，若岗位等级晋升了，则会进一步激发教师的工作热情，激励他们承担起更大的责任。而若岗位等级降级了，则会大大打击教师工作积极性。毕竟岗位序列和工资一样，都是刚性的。至于在不同学段之间的垂直流动，则有利于从整体上把握同学科教材内容，能够以整体的视角把握本学段的教育教学目标。不利之处在于，教育对象不同，必须重新认识不同教育对象的特点，从而采取不同教育教学方法和手段，这具有一定的挑战性。

第三节　教师流动的理论基础

无论是在宏观层面、中观学校组织层面，还是教师个体微观层面，政府主导下的教师流动，都有着扎实的理论基础作为依据。宏观层面上，罗尔斯的公平正义理论，奠定了教师流动这一政策行为、制度安排的终极旨归，即通过资源配置实现教育公平，最终实现社会的公平正义。在中观的学校组织层面上，组织生命周期理论阐述了教师流动是激发组织创造力、提升组织效能的需要。在教师个人层面上，马斯洛需求层次论和鲶鱼效应理论论证了个人流动对组织和个人带来的诸多益处。这几个方面的理论，为教师流动提供了充分的理论基础，论证了教师流动的必要性、合理性。

一、教师流动的理论依据：罗尔斯正义理论

美国著名哲学家、伦理学家约翰·罗尔斯（John Rawls，1921~2002）在其名著《正义论》中提出了社会正义的两个原则。第一个原则是，每个人对与所有人所拥有的最广泛平等的基本自由体系相容的类似自由体系都应该有一种平等的权利。第二个原则是社会的和经济的不平等应该这样安排，使它们：（1）在与正

义的储存原则一致的情况下，适合于最少受惠者的最大利益（差别原则）；（2）依赖于在机会公平平等的条件下，职务和地位向所有人开放（机会的公正平等原则）。❶

第一个原则又称平等自由的原则，即社会制度规定和保障每个公民都享有基本的平等自由，主要涉及权利和义务的分配。所谓基本自由包括政治自由，言论、集会、信仰、思想自由，人身自由、财产权等，要求人们平等地享有这种自由，正义社会的公平拥有同样的基本权利。

第二个原则，即差别原则和机会的公正平等原则的结合，主要涉及地位、收入、财富包括权利的分配。适用于人们在收入、财富的分配以及在使用权利方面的不平等。一是人们在收入和财富方面的分配是不平等的，但这种分配必须是对最少受惠者最有利的；二是人们在使用权利方面也是不平等的，但掌握权利的地位和职务应该对每个公民都是开放的，即同等条件下的人应具有同等机会担任这种职务和占有这种地位。

所有社会价值——自由和机会、收入和财富、自由的基础——都要平等地分配，除非对其中的一种价值或所有价值的一种不平等分配合乎每一个人的利益。

其中第一个原则优先于第二个原则，而第二个原则中的机会公正平等原则又优先于差别原则。这两个原则的要义是平等地分配各种基本权利和义务，同时尽量平等地分配社会合作所产生的利益和负担，坚持各种职务和地位平等地向所有人开放，只允许那种能给最少受惠者带来补偿利益的不平等分配；任何人或团体

---

❶　约翰·罗尔斯. 正义论［M］. 何怀宏，何包钢，廖申白，译. 北京：中国社会科学出版社，1988.

除非以一种有利于最少受惠者的方式谋利，否则就不能获得一种比他人更好的生活。

我国当前区域之间、城乡之间、校际之间、群体之间教育发展的巨大差异则是教育资源配置不均衡直接造成的。而导致教育资源配置不均衡的根本原因则是我国多年形成的城乡二元结构，以及在这种二元结构下形成的教育管理体制和与之相应的一系列政策，如城乡学校建设标准不一致、城乡教职工编制标准不一致、重点校政策、校内设置重点班，等等。教育资源是教育过程中所占用、使用和消耗的人力、物力和财力资源，即人力资源和物力资源、财力资源的总和。❶ 教育资源是指社会经济资源中，输入教育过程的人力、物力、财力、信息和时间资源的总称。❷ 教育资源均衡配置是教育均衡发展的基础和前提，其中，教师资源尤其是优质教师资源则是教育资源的核心。因而，这种长久以来不均衡的资源配置，导致了城乡之间、东中西部之间、同一区域内不同学校之间、不同受教育群体之间，在教育的起点公平（享受公平的受教育权利）、过程公平（接受公平的受教育过程）、结果公平（获得与自身特点相匹配的发展）等方面存在较大差异，违背了罗尔斯公平正义的理论。通过政府主导的资源配置模式，推动教师流动，二次配置教师资源，尤其是优质教师资源，对农村地区、西部地区、薄弱学校等进行补偿，这对于实现教育公平，实现社会的公平与正义，是一个重要的制度创新和手段渠道。

二、组织生命周期理论：卡兹曲线（Katz Curve）

美国学者卡兹（Katz）从保持企业活力的角度建立了企业组

---

❶ 顾明远. 教育大辞典［M］. 上海：上海教育出版社，1998：799，187.

❷ 李祖超. 我国教育资源短缺简析［J］. 高等教育研究，1997（6）.

织寿命学说。他对大量科研组织的寿命进行了长期的研究。他发现，组织寿命的长短和创造力的高低，与组织内员工之间的信息沟通情况有关，与员工获得的成果有关；而组织成员之间的信息沟通和相关成果的获得，与年限长短有关。他通过大量调查统计，绘出了一条组织寿命曲线，即卡兹曲线。

他对大量的科研组织进行了调查统计，结果发现，一个科研组织的成员在一起工作的时间在 1.5～5 年，成员相互之间信息交流水平较高，相应地出成果的情况也较好；低于 1.5 年或高于 5 年，成员相互之间的信息交流水平就不高了，相应地出成果的情况也就不好。低于 1.5 年，组织中的成员共事的时间尚短，相互之间还处在熟悉适应的阶段，很难畅所欲言、进行充分的信息交流；相处超过 5 年，相互之间已经过于熟悉和了解，彼此失去了新鲜感，在思维上已经形成定式，会导致反应迟钝和认识趋同化，可交流的信息已经交流得差不多了。这个时期，组织会呈现出老化状态并丧失活力。

卡兹指出，一个科研组织有成长、成熟、衰退的过程，组织的最佳年龄区间为 1.5～5 年。超过 5 年，就会出现沟通减少、反应迟钝等问题。解决的办法是通过人员流动对组织进行改组，通过老员工的外流，新员工的加入，注入新鲜血液。而低于 1.5 年就流动，对组织也是一种人才损失。因此，同一批员工，共处的时间不能太长，也不能太短（见图 2-1）。

卡兹从保持组织活力角度论证了人才流动的必要性。学校作为一种教学和科研组织，要想保持自身的活力和生机、不断提高教育质量，离不开合理的教师流动。卡兹的组织生命周期理论启示我们，为了避免组织老化，保持学校的活力，就必须通过教师流动，来促进校际之间的信息交流，增强学校组织的生机和活力。

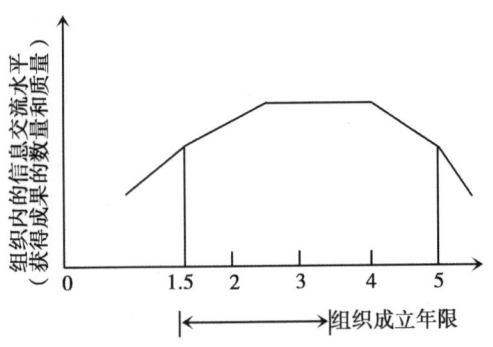

图 2 - 1　卡兹曲线

注：图片来源 http：//wiki. mbalib. com/wiki/卡兹曲线

卡兹曲线，从组织发展的层面上，为教师流动提供了有力的理论支撑。

三、库克创造力曲线（Kuck Curve）

美国学者库克（Kuck）从更好地发挥个人创造力的角度论证了人才流动的必要性和时间间隔。他通过对研究生毕业参加工作后创造力发挥情况所做的大量调查统计发现，一个研究生从毕业参加工作开始，创造力经由增长期、高峰期、衰退期和稳定期而实现一次循环。当创造力进入稳定期时，如果不改变工作内容或更换工作环境，创造力将在稳定期所达到的水平上维持下去。库克曲线实质上告诉我们，为了使创造力不断提高，应在创造力进入稳定期时，按库克曲线就是进入到一个新环境后的 4～5 年，就要变换工作部门或工作内容，也就是要进行人才流动（见图 2 - 2）。

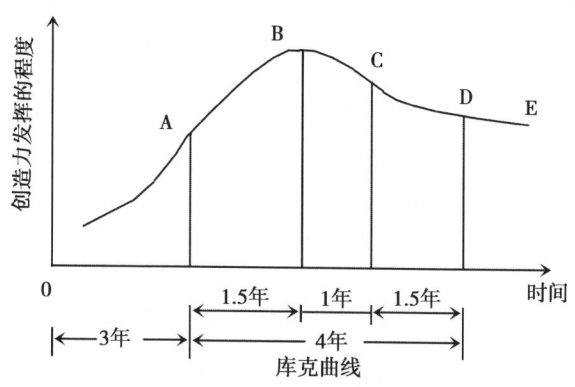

图 2 - 2　库克曲线

注：图片来源 http：//wiki. mbalib. com/wiki/库克曲线

上图中 O ~ A 是创造力的导入期，表示研究生在 3 年的学习期间创造力的增长情况；A ~ B 表示研究生毕业后参加工作的初期，第一次承担任务的挑战性、新鲜感、新环境的激励，使其创造力快速增长，即创造力成长期的情况。

B ~ C 为创造力的成熟期，也即创造力发挥的峰值区。这一峰值水平大约可保持 1 年左右，是出成果的黄金时期。

C ~ D 为初衰期，创造力开始下降，持续时间为 0.5 ~ 1.5 年。

D ~ E 为衰减稳定期，创造力继续下降并稳定在一个固定值，如不改变环境和工作内容，创造力将在低水平上徘徊不前。为了激发研究人员的创造力，应及时变换工作部门和研究课题，进行人才交流。

如图 2 - 2 所示，一个研究人员到一个单位工作创造力较强的时期大约有 4 年（A ~ D）。人的一生就是在不断开辟新工作领域的实践中来激发和保持自己的创造力，即走完一个 S 形曲线，再走下一个 S 形曲线。

教育教学是一门科学与艺术相结合的职业，需要广大教师不断地发挥自身的创造性。库克曲线启示我们，中小学教师工作创造力的发挥也应该是有增长、衰落的周期性的，因此要使教师保持良好的创造力，就需要采取强激励措施激发其创造力和工作激情。这些措施除了包括物质和精神的激励之外，还必然包括工作内容的变更和工作环境的改变，即通过流动，中学教师可以在高中学段与初中学段相互流动任教，中学教师也可以到小学任教，小学教师则可以流动到幼儿园任教，城镇学校的教师可以流动到农村学校任教，农村学校的教师可以流动到城镇学校任教。通过教师流动，改变教师的工作内容或工作环境，使得广大中小学教师面临新的挑战，激发创造力和工作热情，在新的岗位上做出新的成就，使其创造力从一个生命周期走向另一个生命周期。当然，教师流动的年限需要通过进一步研究而定。

第四节　教师流动的现实需要

本节从现实需求的角度论述教师流动的必要性，从现实实践的角度论述教师流动的可行性，从而为构建教师流动制度、促进教师流动奠定现实依据。

一、促进教师流动是教育发展的现实需要

促进教育公平，推进教育均衡发展是建立教师流动制度的价值诉求和出发点。经济社会发展客观上要求为每一个孩子提供优质、公平的受教育机会，享受公平的教育资源。其中，师资是教育资源中的核心资源。

（一）教师流动是促进教育公平的必然要求

胡锦涛同志曾明确指出："要把促进教育公平作为国家基

本教育政策。"温家宝同志也曾强调："教育是国家发展的基石，教育公平是重要的社会公平。"教育公平是社会公平的重要基础，教育公平的关键是机会公平，其基本要求是保障公民依法享有受教育的权利，就是让每一位适龄的青少年都公平地享有接受教育的权利，在受教育的过程中享受到同等的优质教育资源。缩小城乡、区域、校际之间的教育差距是当前我国推进教育公平的重要举措。当前我国教育发展差异较大，与均衡发展还有较大距离。师资水平在城乡、区域、校际之间还存在显著差异，严重影响了教育公平的实现，应统筹基础教育阶段教师资源，而促进区域内教师合理流动则是现阶段实现这一目标的应有之举、可行之举。

（二）教师流动是促进义务教育均衡发展的必然要求

促进义务教育均衡发展已经写进了 2006 年新修订的《义务教育法》和《国家中长期教育改革和发展规划纲要（2010～2020 年）》中，并成为指导我国当前乃至今后很长一段时间义务教育改革与发展的一项重要的政策目标和法律规定。基础教育均衡发展的根本宗旨在于增加优质教育资源的总量、提高基础教育的整体发展水平，从而为所有就学儿童、少年提供平等而高质量的教育条件。当前我国城乡义务教育发展的不均衡性表现得尤为突出，教师资源作为学校发展的第一人力资源日益受到广泛关注，所以，促进城乡教师合理流动是促进义务教育均衡发展的必然要求。

（三）教师流动是体现义务教育公共性的必然要求

义务教育属于公益性质的事业，具有公共性，是纯公共产品，应该人人享有，是人的生存与发展的基本权利。由于公共物品供给政策向城市倾斜，使得城镇居民优先获得了公共物品的享用权。很显然，在社会公共资源有限的情况下，它是以牺牲农民的享用权为代价的。面对公共品供给的不平等，优先获得公共物品享用权的城市人群，其生存条件明显优越，发展机会也较多；相反牺牲了这种享用权的农民，生存条件和发展条件明显不如城市居民。

长期以来，由于我国奉行的城乡"二元结构"体制，导致教育资源尤其是优质教育资源向城市倾斜，刺激着农村优秀教师拼命地向城市单向流动，进一步拉大了城乡教师队伍质量之间的差异。所以，如果不考虑农村教育的实际状况，简单地按照市场流动机制自发地调节教师流动问题，实际上就会产生继续或进一步向城市倾斜的结果，这就违背了义务教育的公共性特征。

二、建立中小学教师流动制度具有良好的政策环境和实践基础

（一）在国家层面上具备良好的政策环境

2000 年，《中共中央关于深化教育改革全面推进素质教育的决定》中提到："合理配置教师资源。各地要制定政策，鼓励大中城市骨干教师到基础薄弱的学校任教或兼职。中小城市（镇）学校教师以各种方式到农村缺编学校任教，加强农村与薄弱学校的教师队伍建设。"

2003 年，《国务院关于进一步加强农村教育工作的决定》明确提出，要"建立和完善教育对口支援制度"，开展"东部地区学校对口支援西部贫困地区学校工程"和"大中城市学校对口支援本省（自治区、直辖市）贫困地区学校工程"。

2005 年 5 月颁布的《关于进一步推进义务教育均衡发展的若干意见》指出："由于我国仍处在社会主义初级阶段，各地经济社会发展不平衡，城乡二元结构矛盾突出，尽管近年来各地义务教育都有了新的进展，但城乡之间、地区之间、学校之间的差距仍然存在，在一些地方还有扩大的趋势，成为义务教育发展中需要高度关注的问题。"

2006 年新修订的《义务教育法》第三十二条条规定："县级人民政府教育行政部门应当均衡配置本行政区域内学校师资力量，组织校长、教师的培训和流动，加强对薄弱学校的建设。"这项规定使教师校际流动政策具有了法律地位，而且指明了教师校际流动的目标、方式和地域范围。同年，教育部颁布《关于大力推进城镇教师支援农村教育工作的意见》，要求建立"本行政区域内长期稳定的'校对校'对口支援关系，鼓励和支持城镇办学水平高的中小学与农村学校建立办学共同体"。这是对新修订的《义务教育法》和中央农村政策的进一步深化。在这些总体政策的指导下，各地纷纷出台相应政策，推动城镇对口支援农村教育工作和加强城市强弱校联盟建设。

2010 年出台的《国家中长期教育改革和发展规划纲要（2010～2020 年）》在第四章第（九）条"推进义务教育均衡发展"中，提出了"实行县（区）域内教师、校长交流制度"。在第十七章第（五十五）条"健全教师管理制度"中，提出了"建立健全义务教育学校教师和校长流动机制。城镇中小学教师在评聘高级职务（职称）时，原则上要有一年以上在农村学校或薄弱学校任教经历"。

上述国家层面出台的关于教育均衡发展和教师流动的法

规和文件，为制定、推行教师流动制度提供了良好的政策、法律环境。

（二）国内部分省市关于教师流动的经验和做法提供了良好的实践依据

早在 2000 年，我国一些地级城市、区（县）等就开始了促进教师流动、均衡配置师资、支援农村教育的探索。在推进教师流动、促进教育均衡发展方面，他们走在了全国的前列。2000 年，黑龙江省哈尔滨市在全国率先建立并推行学校对口支援、师范毕业生、城镇在职教师到农村任教定期轮换制度。辽宁省沈阳市从 2005 年秋季开始，在全市中小学试行学校干部、教师流动机制。山西省潞城市从 2004 年起，即尝试建立城乡教师流动机制。湖北省武汉市 2005 年开始实行城区教师到乡村支教制度。浙江省绍兴市越城区、温州乐清市，山东济南市等也纷纷进行了有益探索。近几年来，一些省市出台了省级层面的教师流动政策，如福建省、北京市、上海市、贵州省、重庆市、江苏省、湖南省、浙江省、陕西省等，这将教师流动政策的效力范围扩展到全省（市），成为全省（市）各地推动教师流动的指导性文件。

这些地方政府及其教育行政部门出台了一系列促进教师流动的举措，取得了一定成效，为全国其他地方积累了宝贵的实践经验，也为国家教育部出台国家层面的教师流动的相关文件奠定了实践基础。

三、教师流动的合法性分析

（一）教师流动的法理分析

行政命令式的教师硬性流动与现行的中小学教师聘任制相

违背。《中华人民共和国教师法》（1993 年 10 月 31 日第八届全国人民代表大会常务委员会第四次会议通过，1993 年 10 月 31 日中华人民共和国主席令第十五号公布，自 1994 年 1 月 1 日起施行）第十七条规定："学校和其他教育机构应当逐步实行聘任制。教师的聘任应当遵循双方地位平等的原则，由学校和教师签订聘任合同，明确双方的权利、义务和责任。"在现行中小学教师聘任制下，作为自然人的教师和作为法人的学校是平等的契约关系，二者之间存在"地位平等化""关系契约化""任期明确化""过程公开化""机制竞争化""形式多样化"等特点，市场调节是配置教师资源的基础手段。教师不是公务员，若行政命令教师流动，就涉嫌违反《中华人民共和国教师法》。教师的身份是一个关键问题。

同时，《中华人民共和国义务教育法》（第十届全国人民代表大会常务委员会第二十二次会议于 2006 年 6 月 29 日修订通过，自 2006 年 9 月 1 日起施行）第三十二条规定："县级人民政府教育行政部门应当均衡配置本行政区域内学校师资力量，组织校长、教师的培训和流动，加强对薄弱学校的建设。"《义务教育法》赋予了县级人民政府教育行政部门均衡配置本区域内义务教育教师资源的合法权力，而教师流动是均衡配置师资的手段之一。

根据《中华人民共和国立法法》（2000 年 3 月 15 日第九届全国人民代表大会第三次会议通过，2000 年 3 月 15 日中华人民共和国主席令第三十一号公布，自 2000 年 7 月 1 日起施行）规定的我国法律体系的位阶关系，《教师法》和《义务教育法》都属于普通法律，二者的位阶是相同的，不存在上位或下位关系。由此可见，《教师法》和《义务教育法》关于教师身份和教师流动的相关规定，是相互矛盾的，必然会造成地方政府在推动教师流动过程中无所适从。

（二）"将教师转为公务员身份"将从根本上规避教师聘任制的法律问题

日本的《国家公务员法》和《教育公务员特例法》规定，日本的公立中小学教师是国家公务员，称为教育公务员。这就从法律上规定了教师具有国家公务人员的身份，政府有权力要求教师进行流动，教师必须无条件服从。这就从根本上保证了日本教师"定期流动制"的有序、规范、有效。而我国的中小学教师和学校之间是一种平等的聘任合同关系，和教育行政部门、政府更无直接的法律隶属关系。若强制推行流动政策，势必涉嫌违反《教师法》中关于教师聘任制的规定。因此，教师成为公务员将从根本上解决教师流动政策的合法性问题和其他体制性障碍，使教师流动政策畅行无阻。建立义务教育教师公务员制度，将从根本上解决义务教育教师的身份和地位问题。将义务教育阶段的教师纳入国家公务员制度是发达国家和地区的先进做法，是提高义务教育阶段教师的政治地位和经济待遇、稳定教师队伍等的治本之策。

第三章 我国省级政府教师流动政策的文本分析

国家层面多个政策文件强调，教师交流工作对于提高教师队伍素质，深入推进义务教育均衡发展，着力提升农村学校和薄弱学校办学水平，全面提高义务教育质量，进而坚持以人为本、促进人的全面发展，解决义务教育深层次矛盾、推动教育事业科学发展，促进教育公平、构建社会主义和谐社会，提升国民素质、建设人力资源强国，都具有重大的现实意义和深远的历史意义。建立校长、教师流动制度已经被提到国家层面的议事日程。几乎与此同时，部分省市也陆续出台了推动校长、教师流动的相关政策，开展了丰富的实践探索。研究、梳理省级政府层面出台的教师流动政策，分析其基本属性和具体内容，对于国家层面出台相关政策，指导县级层面流动实践等，都具有重要的现实意义和政策价值。

本部分以文本分析为方法，以 12 个省级政府颁发的教师流动政策文本为分析对象，归纳、总结当前教师流动政策的基本属性、主要内容等。研究结果表明，教师流动已经成为各地促进义务教育均衡发展的主要手段之一，出台政策和实践探索日益受到关注；受制于行政体制和教师流动的复杂性，流动政策具有多部门联合颁布的特点；教师流动政策内容复杂，包括核心内容和辅助性内容。研究表明，应该进一步明确教师流动政策的价值定位、基本内容、作用范围，进一步深化教师人事制度改革，加强激励机制建设，凸显人文关怀。

第一节　教师流动政策文本的选择

以省（直辖市）级政府及其教育行政部门出台的专门的教师流动政策为政策选取的基本定位，以主题词"教师流动""教师交流""师资配置"等为政策选取的基本研究对象。从收集到的政策文本来看，截至 2014 年 4 月，共有 10 个省市出台了 12 份政策文件（见表 3 - 1）。

表 3 - 1　部分省级政府颁布的教师流动政策文本

序号	颁发时间	颁发部门	文件名称	文件号	政策主题	字符数
1	2005	陕西省教育厅	陕西省关于推行中小学教师交流服务制度的意见	陕教人〔2005〕29 号	交流服务	—
2	2011	福建省教育厅、福建省公务员局、中共福建省委机构编制委员会办公室	关于印发推进县域内义务教育学校教师校际交流试点工作指导意见的通知	闽教人〔2011〕48 号	县域、义务教育、均衡发展、校际交流	4 833
3	2011	北京市机构编制委员会办公室、中共北京市委教育工作委员会、北京市教育委员会、北京市人力资源和社会保障局	关于进一步推进义务教育优质学校干部教师向普通学校流动的意见	京教工〔2011〕72 号	义务教育、优质师资、流动、均衡发展	1 636
4	2011	上海市教委	关于促进义务教育阶段人才有序流动优化人力资源配置的实施意见	沪教委人〔2011〕3 号	义务教育、有序流动、人力资源配置、均衡发展	2 522
5	2012	省委组织部、省编委办、省教育厅、省财政厅、省人力资源和社会保障厅联合下发	贵州省关于推进县域内义务教育学校教师均衡配置的意见	黔教人发〔2012〕320 号	县域、义务教育、教师均衡配置、均衡发展	3 775

续表

序号	颁发时间	颁发部门	文件名称	文件号	政策主题	字符数
6	2012	中共重庆市委组织部、中共重庆市委教育工委、重庆市教育委员会、重庆市人力资源和社会保障局	重庆市中小学领导干部及教师交流工作指导意见（试行）	渝教人〔2012〕63 号	干部与教师、交流、统筹发展（基础教育阶段）	2 198
7	2012	省教育厅、省委组织部、省机构编制委员会办公室、省财政厅、省人力资源和社会保障厅	关于进一步推动义务教育学校教师和校长流动工作的意见	苏教人〔2012〕19	义务教育、流动、优质均衡发展	3 106
8	2012	湖南省教育厅	关于印发《湖南省县域内义务教育学校教师均衡配置指导意见》的通知	湘教发〔2012〕17 号	县域、义务教育、均衡配置、均衡发展	3 279
9	2012	中共河南省委高校工委、河南省教育厅	关于进一步做好城镇教师支援农村教育工作的通知	教人〔2012〕607 号	统筹发展、均衡发展、支教	1 773
10	2013	浙江省教育厅、浙江省机构编制委员会办公室、浙江省财政厅、浙江省人力资源和社会保障厅	关于推进县（市、区）域内义务教育学校教师校长交流工作的指导意见	浙教人〔2013〕70 号	县域、义务教育、交流、高位均衡发展	4 276
11	2014	福建省教育厅、福建省人力资源和社会保障厅、中共福建省委机构编制委员会办公室、福建省财政厅	关于进一步推进县域内义务教育学校校长教师校际交流工作的意见	闽教人〔2014〕29 号	县域、义务教育、校级交流、均衡发展	4 014
12	2014	中共陕西省委组织部、陕西省机构编制委员会办公室、陕西省教育厅、陕西省财政厅、陕西省人力资源和社会保障厅	关于深入推进义务教育学校教师校长交流轮岗工作促进义务教育均衡发展的意见	陕教规范〔2014〕5 号	义务教育、交流轮岗、均衡发展	2 940

第二节　教师流动政策的基本属性

一、颁发省份与政策数量

如图 3 - 1 所示，共有 10 个省市出台了 12 份关于教师流动的政策文件。这 10 个省份分别是福建省、北京市、上海市、贵州省、重庆市、江苏省、湖南省、河南省、浙江省和陕西省。其中陕西省 2 份，福建省 2 份，其余省市各 1 份。在推进教师流动的实践探索和政策制定方面，这 10 个省市走在全国的前列。

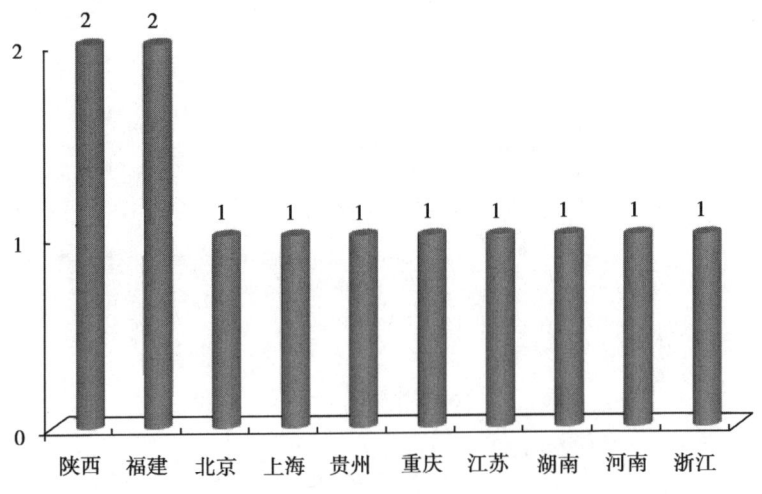

图 3 - 1　颁发教师流动政策的省市与数量

二、政策的颁发时间

12 份政策文本，其颁发时间分布在 2005 ~ 2014 年，其中，

2005 年 1 份，2011 年 3 份，2012 年 5 份，2013 年 1 份，2014 年 2
份。绝大部分文件集中在 2011～2014 年发布（见图 3 –2）。

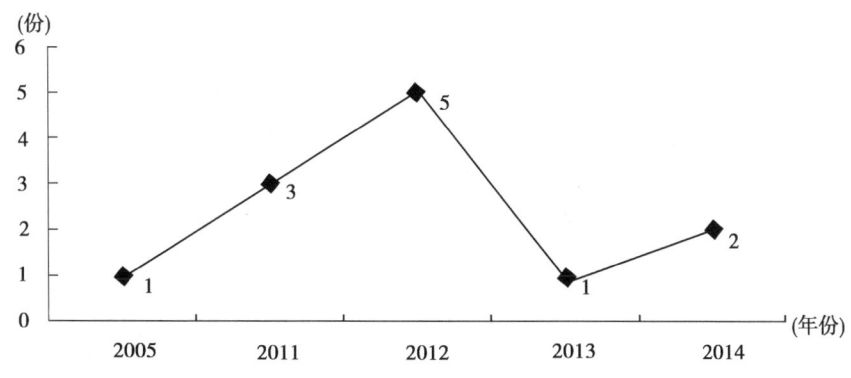

图 3 –2 教师流动政策颁布时间与数量

从教师流动政策集中颁布的时间段上来看，都是在《国家中
长期教育改革和发展规划纲要（2010～2020 年)》（2010 年 7 月发
布）和《国务院办公厅关于开展国家教育体制改革试点的通知》
（国办发［2010］48 号）两个重要文件的出台之后，部分省市先
行试点，深入贯彻落实这两份文件的重要精神和要求。2012 年国
务院连续颁发了国发［2012］41 号和国发［2012］48 号两个文
件，再次强调了教师交流工作对于提高教师队伍素质，深入推进
义务教育均衡发展的重大意义。

三、政策的颁发部门

12 份文件中，省（市）教育厅（教委）独立颁发的有 3 份，
占 25%；省（市）教育厅（教委）与同级其他部门联合颁发的有
9 份，占 75%（见图 3 –3）。

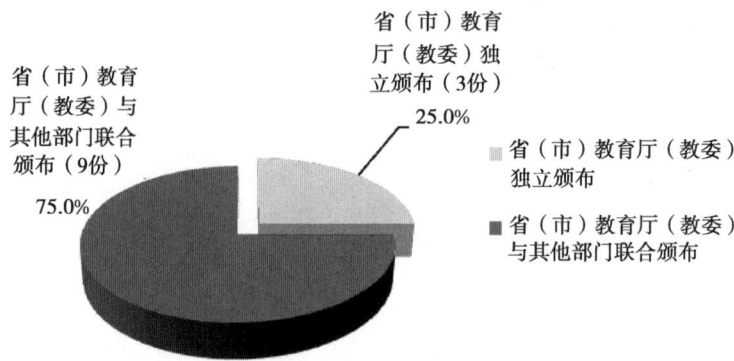

图 3 - 3　教师流动政策的颁发部门

在联合颁发教师流动政策的权威部门中，教育行政部门除外，以省（市）编制委员会办公室出现的频次最高，出现 8 次；其次是省（市）人力资源和社会保障厅（局），出现 7 次；排在第三位的是省（市）财政厅（局），出现 5 次；第四位是省（市）组织部，出现 4 次；第六位是省（市）教育工委，出现 2 次；省（市）公务员局和省高校工委各出现 1 次，分别是福建省（闽教人［2011］48 号）和河南省（教人［2012］607 号）（见图 3 - 4）。

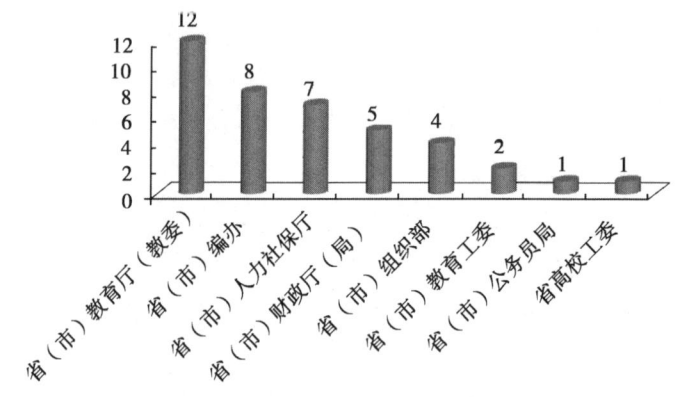

图 3 - 4　教师流动政策颁发部门的参与次数

这足以说明，推动教师流动是一项综合性、系统性工作，关乎行政管理体制、管理机制的变革，涉及编制、人事、财政、组织等多部门的联动，仅靠教育行政部门以一己之力，难以确保教师流动工作的顺利推进。

四、政策主题

通过对 12 份教师流动政策文本内容的审读，可以从每份文件中抽取多个主题词。根据主题词的内涵，对相同或相似的主题词进行归类、合并，然后对合并之后的主题词进行词频分析。

首先是"均衡发展"（或统筹发展，或高位均衡发展，或优质均衡发展），它出现最多，每份文件都以此作为关键词，这充分体现了教师流动政策的目标和价值定位。

其次是"义务教育"，有 9 份文件明确提到了该词，这说明教师流动政策的作用范围主要是在义务教育领域。只有重庆市规定基础教育系统的教师干部都需要流动。出现次数并列位于第二位的是"教师交流"（或教师流动，或有序流动，或交流轮岗），出现在 9 个文件中。位于第三位的是"县域"（或区域），出现在 5 个文件中，表明了教师流动的范围是在县或者区范围内。有的省市的文件中提到了"人力资源配置"（上海）和"教师资源配置"（湖南）（见图 3 –5）。

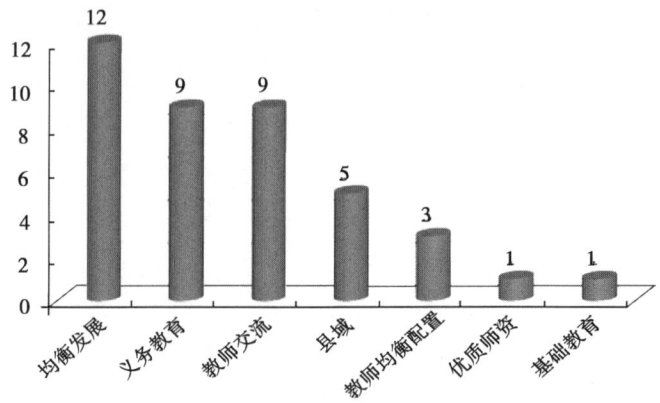

图 3 – 5   政策主题词出现的频次（次）

五、政策文本的文字数量

政策文本的字数，并没有什么实质性的意义，但却从一个侧面反映着该政策内容的丰富程度，以及政策的详尽程度。字数在1 500~2 000字的，是北京市与河南省，其内容较为简略，原则性要求多，可操作性内容少。字数最多的是福建省颁布的闽教人 [2011] 48号文件，有4 800字，相对而言其可操作性的内容就丰富一些（见图3 –6）。

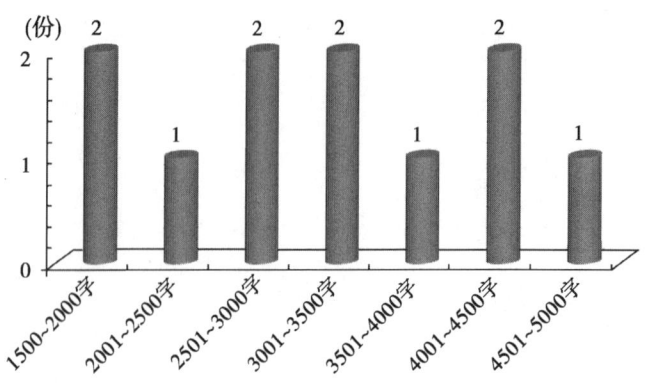

图 3 – 6   教师流动政策文本的字数

第三节　教师流动政策的内容分析

从政策文本的内容上看，大都包括指导思想、基本原则、交流对象、交流方式、政策措施、工作要求等几个部分。

一、指导思想或政策目标

政策目标是政府为了解决有关问题而采取行动所要达到的目的、指标和效果，是一项公共政策的根本旨归。12份政策文本，几乎都开宗明义地在开篇或"指导思想"部分直接明确了教师流动政策的目标。可以总结归纳为，教师流动政策的直接目标是优化配置师资，根本目标是促进义务教育均衡发展，实现教育公平。如湖南省（湘教发［2012］17号）文件中指出"促进义务教育均衡发展是法律的明确规定，也是教育公平的内在要求"。[1] 河南省（教人［2012］607号）文件指出，"统筹城乡教育，促进义务教育均衡发展"是教师流动的目的。[2] 北京市（京教工［2011］72号）文件指出："教师交流工作以缩小区域内城乡、校际之间教育发展差距、促进区域教育均衡发展、全面提高教育教学质量为宗旨。"[3] 上海市（沪教委人［2011］3号）文件明确提出："为贯

---

[1]　《湖南省教育厅关于印发湖南省县域内义务教育学校教师均衡配置指导意见的通知》（湘教发［2012］17号）.

[2]　《中共河南省委高校工委、河南省教育厅关于进一步做好城镇教师支援农村教育工作的通知》（教人［2012］607号）.

[3]　《北京市机构编制委员会办公室、中共北京市委教育工作委员会、北京市教育委员会、北京市人力资源和社会保障局关于进一步推进义务教育优质学校干部教师向普通学校流动的意见》（京教工［2011］72号）.

彻实施国家和上海市中长期教育改革和发展规划纲要，进一步优化配置义务教育阶段人力资源，切实推进义务教育优质均衡发展，促进教育公平与公正……"❶

二、基本原则

有 7 个省市的文件中提出了"原则性"要求。对内涵相似的基本原则进行归类、合并，提炼出 6 个主要代表性原则，如促进均衡（促进发展、有利发展、实现均衡、优化结构）、以人为本（增进激励）、有序流动（稳妥有序、稳妥推进、积极稳妥、分类实施、稳步推进、合理流动）、公平公正（公开规范）、政策引导（政府主导）、统筹兼顾（统筹规划、区域统筹）。然后对归类之后的原则进行词频分析（见图 3 -7）。

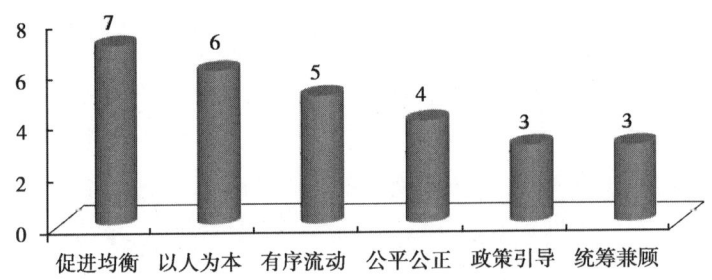

图 3 -7 "基本原则"出现的频次

（1）7 份文件都提出了"促进均衡"（促进发展、有利发展、实现均衡、优化结构）原则。该原则体现了教师流动政策的价值取向和政策目标，即通过师资的二次配置，努力实现义务教育区

---

❶ 《上海市教委关于促进义务教育阶段人才有序流动优化人力资源配置的实施意见》（沪教委人〔2011〕3 号）.

域内的均衡发展，促进教育公平。

（2）有6份文件提出"以人为本"（增进激励）原则。该原则体现的是人文关怀，符合科学发展观的基本要求。这要求教育行政部门在推动教师流动工作中，要充分发扬人文关怀，多加考虑教师个人的需求和意愿，照顾到教师的现实困难，如家庭、交通不便等情况。

（3）有5份文件提出"有序流动"（稳妥有序、稳妥推进、积极稳妥、分类实施、稳步推进、合理流动）原则。该原则体现的是对推动教师流动工作的过程性要求。

（4）有4份文件提出"公平公正"（公开规范）原则。该原则体现的是对教师知情权的尊重和程序正义，要将流动政策的重要意义、操作流程、基本要求等多向教师讲解，努力做到公开、公平、公正。

（5）有3份文件提出"政策引导"（政府主导）原则。该原则有以下几个方面的内涵：一是政府及其教育行政部门要发挥主导性作用，以自上而下的制度变迁推动教师合理流动；二是政策先行，以政策手段作为推动教师流动的主要工具；三是规避单纯地采用经济手段引导教师流动。

（6）有3份文件提出"统筹兼顾"（统筹规划、区域统筹）原则。该原则性要求，符合我国当前义务教育的"地方政府负责，分级管理，以县为主"的管理体制，省级政府统筹省域内教师交流工作，而将具体开展工作的权限下放给县级政府。同时表明，教师流动工作涉及面广，需要统筹人事、编制、教育、财政等多个部门联动，需要统筹教师编制管理、人事管理、绩效工资、岗位设置等一系列管理环节的协同变革。

三、流动的对象与范围

综观所有政策文本，参加流动的对象是义务教育阶段公办学校的教师和校长，只要符合规定的条件就必须流动。流动的物理空间范围是在县域内部、校际之间轮岗交流。流动的范围遵循先近后远、先易后难的原则，可以先在学区、学片、教育链、联盟、教育集群内部校际之间流动，然后逐渐跨学区流动，实现在整个县域范围内流动。仅从文件标题上就可以看出，"义务教育""县域内""教师""校长"成为几个重要的关键词。

四、流动的条件与比例

哪些教师应该参加交流，各地政策文本中都列出了明确的条件限制，如年龄、同一学校连续任教时间、教学水平、所教学校地理位置和流动比例 5 个方面的条件。符合这 5 个条件的教师必须参加流动。

1. 年龄

通常规定，男 50 周岁以下，女 45 周岁以下，应该参加流动。如江苏省在（苏教人〔2012〕19 号）文件中规定，流动对象是"离法定退休年龄在 5 年以上的教师"。❶ 陕西省（陕教规范〔2014〕5 号）文件规定的年龄条件是"凡男 50 周岁、女 45 周岁

---

❶ 《省教育厅、省委组织部、省机构编制委员会办公室、省财政厅、省人力资源和社会保障厅关于进一步推动义务教育学校教师和校长流动工作的意见》（苏教人〔2012〕19）.

以下"。❶ 整体而言，一般各省都规定流动对象以中青年教师、骨干教师为主。

2. 同一学校连续任职或任教时间

多数省份都将校长、教师在同一学校连续任职、任教的年限作为应该参加交流的条件之一，但对年限长短的规定，各省并不一致。对于校长的交流，通常跟校长的任期制度相结合，一般校长只能在一所学校连任两届，届满后必须流动。如贵州省规定："建立校长定期轮岗交流制度，每人任期 3 ~ 6 年。校长任期满，经考核称职的可以连任，在同一学校同一职位连续任职一般不超过两个任期。"❷ 福建省（闽教人［2014］29 号）文件规定："在同一所学校任职达两届（每届 3 ~ 5 年）的校长（含副校长，下同）应进行交流。"❸ 安徽、江苏、青海、云南等省份规定教师在一所学校任教满 6 年后，原则上必须参与流动。

3. 教育教学水平

各省都将符合条件的全体专任教师作为流动对象，同时，又特别对骨干教师参加流动做出了明确要求，规定骨干教师每年参加流动的数量不低于一定的比例。但只有北京市将流动对象锁定为优秀教师。北京市明确规定："交流对象为北京市特级教师以及

---

❶ 《中共陕西省委组织部、陕西省机构编制委员会办公室、陕西省教育厅、陕西省财政厅、陕西省人力资源和社会保障厅关于深入推进义务教育学校教师校长交流轮岗工作促进义务教育均衡发展的意见》（陕教规范［2014］5 号）.

❷ 《省委组织部、省编委办、省教育厅、省财政厅、省人力资源和社会保障厅联合下发贵州省关于推进县域内义务教育学校教师均衡配置的意见》（黔教人发［2012］320 号）.

❸ 《福建省教育厅、福建省人力资源和社会保障厅、中共福建省委机构编制委员会办公室、福建省财政厅关于进一步推进县域内义务教育学校校长教师校际交流工作的意见》（闽教人［2014］29 号）.

区（县）级及以上学科教学带头人、骨干教师。"

4. 学校地理位置

尽管教师的流动可以是双向的，即教师在城乡学校之间、优质与薄弱学校之间双向流动。但都以城镇学校、优质学校向农村学校、薄弱学校流动为主。同时，设置了特别规定，更加强化了城镇、优质学校教师流动的责任。江苏省规定："城镇学校教师竞聘高级岗位、申报特级教师、申报县级以上骨干教师、学科带头人等称号，评选市级以上综合表彰奖励，均项有 2 年以上农村学校或薄弱学校交流或任教的经历。在职务评聘、表彰奖励等工作中，要向长期在农村中小学任教的教师倾斜。"❶ 陕西省规定："中小学教师评定高一级职称时，必须具有农村学校任教 1 年或薄弱学校任教 3 年的经历。"❷ 大多数省份的文件都做出了相似的规定。

5. 流动比例

有 10 个省市的文件对每年普通教师流动的比例规定了最低要求，即每年参加流动的教师占应流动对象的比重不低于一定比例。该比例最高的是江苏省（15%），最低的是重庆和湖南（5%），其他 7 个省市是 10%。但北京市、上海市、浙江省对这一比例没有明确规定，由各区县视实际情况自己制定（见图 3–8）。

---

❶ 杨衍江. 教师的流失与回流：成因、趋势与对策——一种特殊劳动力市场的分析 [J]. 江西社会科学，1998（6）.

❷ 程凤春. 对中小学教师流失问题的思考 [J]. 北京师范大学学报：社会科学版，1996（3）.

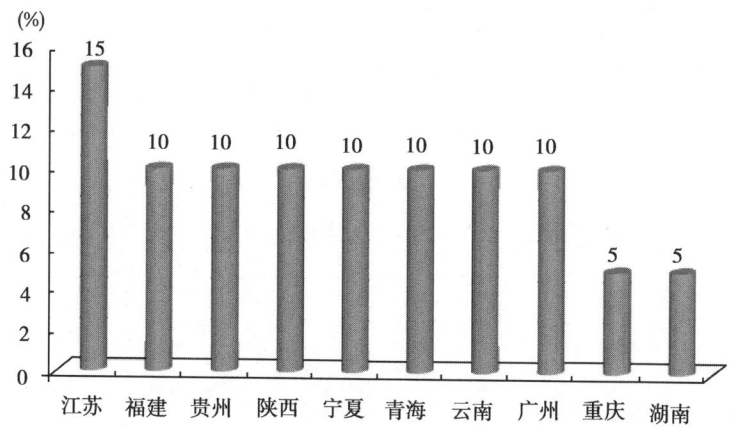

图 3 - 8　每年流动教师占应流动对象的最低比例

对骨干教师流动的比例要求更高，达到 10% ~ 30%。有 5 个省份对骨干教师流动的比例做出了规定，最高的是陕西省（30%），最低的是福建省（10%）（见图 3 - 9）。

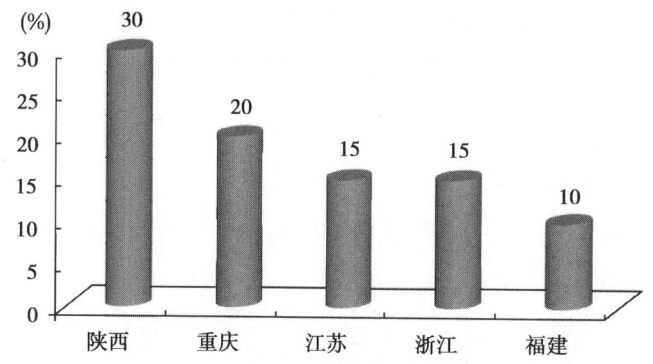

图 3 - 9　每年流动骨干教师占应流动骨干教师的最低比例

流动对象的范围直接影响着教师流动政策的效果。全体教师流动具有公平性，能短时间提高流动比例，但也有可能冲击优质学校的教学秩序，导致教育质量下降；部分教师，尤其是骨干教师的流动对提升农村学校、薄弱学校教学质量更有成效，但能够参加流动的人数较少。

五、流动的时间

大多数省市都没有对教师、校长流动的时间做出明确规定，将制定时间的权限下放给县级政府及其教育行政部门，因地制宜。只有贵州省、浙江省、重庆市 3 个省市明确了流动时间要求。贵州省规定流动时间为 "1 年及以上"，浙江省规定为 "3 年及以上"，重庆市规定为 "3 年以上"。

六、流动的形式

关于流动的形式，多数省市并没有明确要求采用哪一种或哪几种流动形式，而是提倡采取多种形式进行流动，所以在政策文件中的表述不尽相同。依据不同的标准，流动的形式可以分为多种类型。但对于尚未实行"县（区）管校用"制度的省市，依据流动教师人事关系的变动与否来划分，可以将流动划分为柔性流动（人事关系不动）和刚性流动（人走关系走）两种形式。浙江省（浙教人〔2013〕70 号）文件规定："教师交流是指公办学校教师从一所学校调到另一所学校工作，并原则上随迁人事关系的流动过程。"❶ 重庆市的教师流动则分为"不变动人事关系的交流"和"变动人事关系的交流"两种形式。在现行校长干部管理体制下，校级干部交流多采取组织调动方式进行。

七、配套管理制度

各省市都非常重视配套制度、保障机制与措施的建设，作为

---

❶《浙江省教育厅、浙江省机构编制委员会办公室、浙江省财政厅、浙江省人力资源和社会保障厅关于推进县（市、区）域内义务教育学校教师校长交流工作的指导意见》（浙教人〔2013〕70 号）.

各自政策文本中的重要内容，占据不小篇幅。这说明各省市都认识到了教师流动工作的复杂性、系统性。其中福建省和陕西省提出推行"县管校用"管理制度。福建省规定："实行教师'县管校用'。统一县域内义务教育学校教师工资待遇制度、编制标准、岗位结构比例、招考聘用、考核办法、退休教师管理和服务。"陕西省提出："用 3 至 5 年时间在全省范围内全面推行'县管校用'的义务教育学校教师管理制度，使教师由'学校人'变为'系统人'。"逐步统一县域内义务教育学校教师编制标准、岗位结构比例、公开招聘、岗位聘用、培养培训、考核评价、工资待遇、退休教师管理和服务。

其他未提出实施"县管校用"制度的省市，也提出了一系列配套管理制度，如统筹中小学编制管理，实行动态管理，建立"机动编制"，推行校长任期制，落实教师聘任制，统一学校岗位结构比例，高级教师跨校申报机制，加强学校领导班子建设，加强教师继续教育等。如山东省在《关于推进县域义务教育均衡发展的意见》中规定设置 5% 的机动编制，给予派出流动教师的学校。

八、激励机制与保障措施

考虑到教师流动工作的"奉献"性质，各省市都非常注重对参加流动的干部教师的激励，要求建立激励机制与保障措施。主要包括精神和物质两个方面。

（一）精神激励

1. 职称评聘方面的激励

各省市政策文件中普遍要求城镇教师在评高级职称时必须有一定年限的农村或薄弱学校任教经历。早在 1999 年中共中央、国务院发布的《关于深化教育改革全面推进素质教育的决定》中便提出城镇中小学教师原则上要有一年以上在薄弱学校或农村地区学校任教的经历，才可聘为高级教师职务。各省不但都将这一规定落实，甚至还做出了更为具体的要求，如福建省在（闽教人〔2011〕48号）文件中要求进行教师流动试点的地区"城镇义务教育学校40周岁以下（含40周岁）教师评聘高级教师职务应有农村学校任（支）教2年以上的经历"。❶北京市规定："参加交流的干部教师，在晋升高一级教师职务时，在同等条件下优先考虑。"江苏省规定："在职务评聘、表彰奖励等工作中，要向长期在农村中小学任教的教师倾斜。"

2. 荣誉职称方面的激励

在评优评先等各种荣誉职称的评比方面，同等条件下，对参加流动的教师给予优先考虑与倾斜，有些省份甚至规定在农村地区的任教经历是获得这些称号的必备条件。如北京市规定："全职交流一年以上的干部教师，参加评选特级教师、市级以上模范教师、优秀教师、先进工作者及市、区级学科教学带头人和骨干教师时，在同等条件下优先考虑。"福建省规定："完善校长选拔和教师评先评优机制。对积极参与交流、在教育教学工作中发挥骨干示范作用的校长教师，在职务晋升、评先评优等方面给予倾斜。"贵州省规定："对积极参与校际交流、在教育教学工作中发挥骨干示范作用的教师，在评先评优、职称评聘等方面给予倾斜。"甘肃省在《甘肃省人民政府关于加强教师队伍建设的意见》中规定："评选特级教师、

---

❶ 《福建省教育厅、福建省公务员局、中共福建省委机构编制委员会办公室关于印发推进县域内义务教育学校教师校际交流试点工作指导意见的通知》（闽教人〔2011〕48号）.

陇原名师、省级学科带头人、骨干教师等省级专业称谓或荣誉称号，须有 2 年以上在农村学校任教经历。"

3. 培训方面的激励

加大对流动教师的培训力度，提供更多的培训机会。福建省规定："在骨干教师培养培训中，向参与交流的骨干教师，特别是城区学校交流到农村学校的骨干教师倾斜。"

（二）物质激励

在物质层面的激励上，主要是通过增发补贴，改善交通、住宿条件，设立机动编制等方式进行激励。

1. 津贴补偿

所谓津贴补偿是指对参与流动的教师进行一定程度的经济补贴，如农村教师补贴、山区教师补贴、交通补贴等。近年来随着绩效工资的推行，各省纷纷对农村地区的教师发放津贴，使其收入高于同期城镇教师水平。流动到农村地区的教师不但能享受到这些津贴，有些省份还额外规定了奖励措施。如天津市在《关于进一步推进义务教育阶段学校教师合理流动工作的意见》中规定："凡选派到农村学校的人员每月享受 300 元的生活补助和 200 元的交通补贴。"北京市规定："交流到农村学校、边远农村学校、深山区学校的干部教师按农村、山区学校干部教师工作津贴标准享受工作津贴。"福建省规定："给予参与交流的校长教师一定的交通补贴；参与校际交流的教师，符合当地农村教师补贴范围的，可享受农村教师补贴。"

2. 物质条件保障

参加流动的教师生活上面临的主要困难是交通不便和在接收学校的住宿问题。针对交通问题，各省市采取的措施包括每月或每学年发放一定的交通补贴，有条件的区（县）开通了班车。如江苏省对所有流动教师发放交通补贴。浙江嘉善县为流动教师提供专门的班车。针对流动教师在接收学校的住宿问题，很多省份通过建设周转房来解决。如安徽省 2012 年下拨资金 2.1 亿元用于建设教师周转宿舍项目 170 个，很大程度上解决了流动教师的住宿问题。湖南省规定："加大农村学校教师周转房建设力度……并优先保证校际交流教师使用。"

九、工作要求

对推动教师流动工作的要求或组织管理，各省市文件都在政策文本的最后一部分进行了阐述，主要是强调了省市、地市、区县、学校、干部教师个人等各个层面的工作职责与权限。有的省市还提出了加强对教师流动、均衡配置师资工作的督导评估。如湖南省提出："省、市州、县市区要加强对县域内义务教育学校教师均衡配置工作的跟踪管理和督导检查，及时总结经验，树立典型，推动改革工作取得实效。省政府教育督导室将义务教育学校教师均衡配置工作纳入对县市区教育工作'两项督导评估考核'范围，并突出其在评估指标体系中的权重；同时将义务教育学校教师均衡配置状况列入'义务教育发展基本均衡县'省级评估验收的核心指标，凡达不到规定要求的，实行'一票否决'。"

第四节　结　　论

一、教师流动政策已成为促进教育均衡的主要政策

从笔者收集到的政策文本来看，全国除了个别边远地区如西藏

外，绝大多数省份都对中小学校长、教师流动提出了要求，但多数都是原则性要求，概括性高，操作性不强。其中只有 10 个省份出台了关于教师流动的专门政策，直接冠以"教师流动""教师交流""师资配置"等名称，明确提出了相关要求和程序。其他多数省份尽管没有出台专门的教师流动政策，但都在以促进义务教育均衡发展、加强教师队伍建设、加强农村教师队伍建设等为名称的文件中，或多或少提出了校长、教师流动的要求。从政策颁布的时间上看，主要集中在 2011 年以后，以 2012 年和 2013 年较为集中。

二、教师流动政策的出台具有多部门联合颁发的特点

12 份文件中，省（市）教育厅（教委）与同级其他部门联合颁发的有 9 份，省（市）教育厅（教委）独立颁发的只有 3 份。该现象一方面说明，教师流动是一项复杂性、综合性工程，在现行管理体制下，教育行政部门难以单挑重任，需要会同编制、人事、财政等多部门联动；另一方面也说明，现行教育人事管理体制人权与事权相分离，教育行政部门在其主管的教育领域需要来自其他相关部门的参与和支持，导致教育行政部门对其他行政部门的依赖性强，其中政策依赖程度最强的是编制部门和人事部门。教育行政部门自身的权限有待提高。

三、教师流动政策的内容较为丰富

教师流动政策的内容较为复杂，除了政策目标、原则性要求、具体内容等核心内容之外，还包括激励机制、保障措施等辅助性内容，且辅助性内容占了相当大的篇幅。辅助性内容是教师流动政策的重要组成部分，一方面印证了教师流动工作的复杂性，另一方面体现着政府制定政策的"人文性"，确保了政策的顺利执行。

第四章 日本和韩国的教师流动
制度及启示

他山之石，可以攻玉。本章重点考察日本和韩国两个邻邦的中小学教师流动政策及具体做法。同属东亚儒家文化圈，日本、韩国与我国在历史、文化、教育等方面存在诸多相似之处。他们在教师人事管理制度、均衡配置师资、促进教育均衡发展方面的诸多先进经验，值得我们学习和借鉴。

第一节 日本中小学教师定期流动制度

一、日本教师定期流动的法律环境和基础

（一）日本通过立法保障偏僻地区和弱势群体公平受教育权

日本针对偏僻地区和弱势人群，通过立法和相关教育政策，确保这些地区和人群公平受教育权利。1956 年制定的《关于国家援助就学困难儿童和学生的就学奖励的法律》规定由国家在预算范围内援助因经济缘故而就学困难的儿童和学生；1954 年制定（1985 年修订）《偏僻地方教育振兴法》，并制定了《偏僻地方教育振兴法施行令》和《偏僻地方教育振兴法施行规则》保障该法律的实施。与此相对应，日本还专门制定了《孤岛振兴法》和《大雪地带对策特别措施法》等，

对国家给予落后地区财政支持作出了规定。

（二）日本中小学硬件设施均衡配备

日本平等教育就是指任何一个受教育者包括残疾儿童，在任何一所学校所接受的教育机会、权利是相同或相等的。为了使孩子接受质量较高的教育，日本政府通过提供充足的义务教育经费，使各个学校的教学条件和教学设施都达到了规范化，相互之间差别不大。只要是一所学校，无论其规模大小、在校学生人数多少，学校都必须具备办学的必备条件和设施。例如，东京都立晶川聋哑学校尽管只有 46 名学生和 30 名教职工，却建有一座可容纳上千人的室内体育馆以及游泳池和音乐、美术、劳动技术课等实践活动室，器材齐全。

相关法律的保障为教师流动提供良好的法律环境，硬件设施的均衡配备为教师流动奠定了物质基础。

二、日本的教师定期流动制度*

日本教师"定期流动制"始于第二次世界大战后初期，主要在公立基础学校（小学、初中、高中及特殊学校）范围内实施。20 世纪 60 年代初，该制度趋于完善，并沿用至今。按日本法律规定，日本公立学校教师属于地方公务员，政府对他们的管理有一套比较完善、规范的制度和法律。日本中小学教师的定期流动（或者叫"转任"）属公务员"人事异动"的范畴，"人事异动"一般指人员的变动，如升迁、调离、流动换岗及自然减员、退休等。

---

* 彭新实. 日本的教师培训和教师定期流动 ［J］. 外国教育研究，2000（10）.

（一）日本实行教师定期流动制度的主要目的

日本中小学实行教师定期流动制度主要有三个方面的目的：（1）不断提高教师工作热情和创新能力以及多样的经验积累；（2）合理配置人才资源，保持学校之间的水平平衡；（3）打破封闭状态，保证学校办学始终充满活力。

（二）日本教师定期流动制度的具体内容

日本各都道府县的政策在主要方面是一致的，如人事调动及审批权限、基本原则及年限的规定、流向偏僻地学校的有关津贴标准等。

1. 流动对象

日本中小学教师定期流动的对象既包括普通教师，也包括学校校长。以东京都为例，其《实施纲要》规定，普通教师流动的对象分为几种情况：（1）在同一所学校连续任教 10 年以上以及新任教师连续任教 6 年以上者，此为硬性条件；（2）为解决定员超编而有必要流动者；（3）在区、市、街道、村范围内的学校及学校之间，如教师队伍在结构上（专业、年龄、资格、男女比例等）不尽合理，有必要调整而流动者。

另外，对不应流动者也做了相应的规定，如任教不满 3 年的教师、57 岁以上未满 60 岁的教师、妊娠或休产假期间的教师、长期缺勤的教师等。

日本中小学教师定期流动，学校校长也在其范围内。1996 年，日本文部省根据近年教师的平均流动率推算，全国公立基础教育学校教师平均每 6 年流动一次。日本重视校长的经历，一般到 50 岁左右，才有可能出任校长。校长每个任期 2 年，连任者需在校际之间轮换。多数中小学校长一般 3～5 年就要换一所学校，每一名校长从上任到退休，一般要流动 2 次以上。另外，从日本教师在同一学校任教年限，也可看出学校教师流动的频率。从小学、初中、高中、特殊教育教师流动的整体统计数据来看，每年都相差不大，没有大起大落的现象，说明流动比较规范（见表 4 - 1）。

表 4 - 1　教师在同一学校任教年限统计（1996）

未满 6 年	6 ~ 10 年	10 ~ 15 年	15 年以上
76.3%	18.1%	4.1%	1.5%

2. 流动的范围

日本中小学教师定期流动的范围以就近为主。依据流动地域范围的不同，大致有两种情况。

第一种，在同一市、街区、村之间流动，即在同一行政区域内的学校之间进行流动。

第二种，跨县（相当于我国省一级行政区域）流动，即教师跨县域流动，从一个县的学校流动到另一个县的学校任教。从日本文部省 1996 年年末的统计资料来看，小学、初中教师流动占比例最大；当年有 96 033 名教师实行了流动换岗，流动率为 17.1%，其中有 52 105 名教师是在同一市、街区、村之间流动，占流动总数的 54.3%（有的县高达 94.5%），教师流动地域以就近为主。各类学校跨县一级和"政令指定都市"一级行政区域间流动的有 797 人，占比最小，而且主要集中在较大城市间。偏僻地区学校同其他地区学校之间以及不同类型学校之间，教师交流的比例大致平衡。

从流动的学段来看，教师既可在相同学段之间流动，如从小学流向小学、从高中流向高中等，也可以跨学段流动，如中学教师流向小学。据日本文部省1996年年末的统计资料，有21 554名高中教师实行了流动换岗，流动率11.1%。从日本文部省1995年统计资料看，当年在不同种类学校之间流动的教师有12 268人。其中，小学教师中有84.2%转任到初级中学，初中教师中有84.2%转任到小学。

教师也可以在不同类型的学校之间流动，如中学教师流动到特殊教育学校任教。据日本文部省1996年年末的统计资料，高中教师85%转任到特殊教育学校；特殊教育学校教师流动到小、中、高的比率分别占40.4%、27.5%和32.1%。

3. 相关配套措施

为了配合教师定期流动，日本在教师待遇特别是偏僻地区教师待遇方面制定了相应的配套措施。为了吸引教师流动到偏僻地区工作，日本采取一系列措施，提高这些地区教师的待遇。早在1954年的《偏僻地教育振兴法》（1974年第四次修订）中就规定，市、町、村的任务之一"为协助在偏僻地区学校工作的教员及职员的住宅建造及其他生活福利，应采取必要的措施"。该法还规定都、道、府、县对在条例指定的偏僻地区学校或与其相当的学校工作的教职员，发给"偏僻地区津贴"，月津贴额占工资及扶养津贴额总数的25%以内。当教职员工因工作地点变动或随校搬迁到偏僻地区任教时，从变动或搬迁之日起3年内，发给其在本人月工资和扶养津贴总额40%以内的偏僻地区津贴之外的津贴。此外，还有其他形式的津贴，如寒冷地区津贴、单身赴任津贴等。

（三）日本教师定期流动的实施程序

（1）每年11月上旬，由县（都、道、府）一级的教育委员会发布教师定期流动的实施要旨，内容包括地区的指定，有关原则、要求等。

（2）全体教师填写一份调查表，其中包括流动的意向。

（3）由校长决定人选（充分尊重本人意愿并与之商谈后）并报上一级主管部门审核。

（4）由县（都、道、府）教育委员会教育长批准（校长由教育长直接任命换岗，本人也可以提出申请）。

（5）教师在次年4月新学期开学前全部到位。

（四）日本教师"定期流动制"的实施效果

日本公立基础教育学校教师的定期流动制度始于第二次世界大战后初期，当时教师的人事管理权限在市、街区、村一级的教育主管部门，其管辖范围很小，教师的交流难于推动，效果也不理想。20世纪50年代中期以后，地方教育行政组织新的法律即《关于地方教育行政组织及营运的法律》出台，取代了旧的《教育委员会法》，教师的人事管理权限集中到了县一级教育主管部门，此项工作才得以逐步推行；到60年代初已趋于完善，并形成制度。日本教师"定期流动制"已实施了半个世纪，为日本实现基础教育的"公平性"，稳定教育质量，提高师资素质以及改善事实上存在的薄弱学校状况等方面起到了重要作用，对日本中小学师资队伍建设，尤其是在均衡校际间的师资差异方面起到了不可替代的作用。

第二节　韩国中小学教师轮岗制度

韩国自20世纪70年代开始实行的城乡教师轮岗制度，在促进城乡教育均衡发展上发挥了重要作用。1962年，韩国《教育公务员任用令》第十三条第3项明确指出：为防止任用者或任用提请者所属教育公务员在同一职位或地域上长期出勤而引起倦怠，通过实施人事交流计划，可以有效率地履行教师的义务。韩国于 1963 年颁布的《国家教育公务员法》，在经历几次修订之后，确立了教育人事管理的基本准则，对教育行政机关的工作人员、学校行政领导和教职工的选拔、任用、调配、考核、流动、退休和退职等事项作出规划和决策，提供了政策指导并推进了组织实施。韩国教育公务员制度的实行，严格控制教师准入资格、统一管辖和调配教师，为城乡教师的合理流动提供了前提条件。

一、流动对象及其工作年限

1969 年，韩国制定人事管理政策，致力于使各学校的教育得到同步发展，至少也要保持各学校的教师素质和学校领导水平均等。这项政策涵盖了学校管理的三个重要元素：校长的领导、教师的专业教学和包括经济资源在内学校资源均衡配置，韩国城乡教师轮岗制度作为一项重要的人事管理制度，涵盖的流动对象主要有中小学校长、校监（相当于中国的教导主任）和中小学教师。

（1）校长及其工作年限。轮岗制度规定了校长的工作年限。在韩国公立学校工作的校长，一般在同一所学校的工作预定周期是 4 年，4 年之后，校长将被安排轮换到另一所学校工作。此项制度只限于公立学校的校长，私立学校则可以自主管理本校校长的工作年限。

（2）教师及其工作年限。韩国规定了中小学教师的工作年限。一般而言，韩国中小学教师在同一所公立学校的工作年限为 4 ~ 5 年。对于下辖偏远农村地区的道行政区，教师在城市工作的时间可以是 8 年或 10 年，之后，他们将流动到农村学校工作 3 ~ 4 年。

韩国政府也规定了不流动的教师。对于有体育竞赛、科学教育、英才教育等办学特色的学校，教师具有特长并有工作实绩，校长要求留任的教师可以提出申请，经道（相当于我国的省、直辖市、自治区）教育厅教育长批准可暂不流动；夫妻双方都是教育公务员，其中一方已经在艰苦地区工作，其配偶可以不流动；父母、配偶、子女或自己身体有残疾的教师也可申请不流动。

二、教师流动的地域范围

根据各地区的城市化水平，韩国将所有学校的人事管理行政区划分为 5 级区域，分别为 Ⅰ 区域、Ⅱ 区域、Ⅲ 区域、Ⅳ 区域和 Ⅴ 区域。Ⅰ 区域是城市化水平最高、教师最愿意竞争岗位的地区，Ⅴ 区域是城市化水平最低、教师竞争岗位最不激烈的地区。

教师的流动将根据教师在相同的人事管理行政区和同一所学校工作的时间和工作表现来定。通常，教师在同一所公立学校的教学工作期限是 5 年。Ⅰ 区域的教师教学工作年限不超过 8 年，Ⅱ 区域的教师工作期限可以是 10 年。Ⅰ 区域和 Ⅱ 区域的流动教师可以轮换到 Ⅲ 区域或更低区域。当教师从 Ⅰ 区域和 Ⅱ 区域轮换到 Ⅳ 区域和 Ⅴ 区域，他们再回到 Ⅰ 区域和 Ⅱ 区域的工作年限为 3 年；当他们轮换到 Ⅲ 区域，他们回到 Ⅰ 区域和 Ⅱ 区域的工作年限为 2 年。

从制度的流动地区划分可知，韩国教师的轮岗体系不仅限于城乡学校间教师的轮换，也包括相同城市的学校间、不同城市的学校间和相同农村地区的不同学校间的轮换。

三、教师轮岗的类型 *

韩国的《教育公务员法》《教育公务员任用令》《教育公务员人事管理规定》等相关教育法规中规定了教育公务员的轮岗类型、轮岗原则、轮岗年限等内容。现行中等学校教师轮岗制度以定期轮岗为主，以5年为一个轮换周期，以1~2年的不定期轮岗为辅。

1. 定期轮岗和不定期轮岗

（1）定期轮岗。所谓定期轮岗是指以在同一所学校连续任教时间达到规定期限的教师为对象而实施的轮岗。教师的定期轮岗基准是在同一所学校连续任教的年限，规定的年限是3~5年，只要到了规定的任职年限的上限必须轮岗。韩国的教育公务员定期轮岗是按轮岗对象分两个时间点统一组织实施的，即每年9月1日实施教育专职人员和校长的定期轮岗，每年3月1日实施校监和普通教师的定期轮岗。

（2）不定期轮岗。不定期轮岗是指以在同一所学校的任职时间尚未到达规定轮岗年限者为对象而实行的轮换。不定期轮岗是一种特殊形式的轮换，其对象是在同一所学校任教1~2年的教师。在中等学校教师轮岗中，为了防止因频繁的工作地点变更带来的业务能力下降，保证教师工作的连续性，保障正常的教育教学秩序，除了机构改革、职务制度改革、当年晋升或降职以及其他法律规定的特殊理由之外，原

---

* 赵允德. 韩国中等学校教师轮岗制度及其特点 [J]. 教师教育研究，2014（5）.

则上从任职之日起 1 年之内不允许采取任何调换任职地的人事措施。

不定期轮岗是一种有条件的轮岗，只有符合相关规定的教师才有资格申请轮岗。各地方的中等学校教师不定期轮岗的条件有所不同，但大体相当，可归纳为如下几种。

①生活照顾类：通勤距离 18 公里以上的教师（只有首尔市有这一规定），在岛屿、偏远地区任职的体弱多病者及残疾人，因公殉职的教育公务员的配偶及其子女。

②教育需要类：根据学校教育教学需要而须轮换的教师，在现任职学校继续任教有困难者。

③岗位调整类：包括课程调整、精减人员、传统优势体育项目指导教师。

④奖惩类：受处分的教师，严重损害学校声誉、违背教师职业道德者。

⑤业务能力差，业绩极其不良者。

⑥职业态度不端正者。

⑦在供给一日三餐的学校任职 2 年以上的教师（营养教师）。

⑧外派到教育机构、教育行政机构任职 2 年以上者。

⑨有公认的研究业绩者。

不定期轮岗的程序是由校长提出申请，主管部门审批后实施。

2. 特聘轮岗和缓期轮岗

（1）特聘轮岗。特聘轮岗是定期轮岗的辅助类型，也是轮岗教师的特殊分配方式。通常在政策规定的范围内，校长根据学校发展需要，面向定期轮岗对象，特别聘请个别教师轮岗到指定的学校。在特聘轮岗中，校长拥有绝对权力。为了实现特聘轮岗的公平公正性，同时有效发挥这一轮岗的功效，各地均出台相关规则规范特聘轮岗。

首先，限定规模。首尔市规定的特聘轮岗规模是当年该校轮岗总规模的 10% 以内（新建学校扩大到 30%）；优先扶持发展的学校是当年该校轮岗流入教师总数的 30% 以内，特聘所有科目教师。

其次，限制对象。特聘轮岗对象限定于定期轮岗对象，同时限制特聘轮岗教师的学科范围。首尔市规定的特聘轮岗对象一般不包括国语、数学、英语教师，但该校属于上述科目的研究学校或示范学校时，根据实际需要特聘上述轮岗科目教师；国际学校、科学学校、体育及特色化高中、英才学校有权特聘轮岗所有科目教师。国际学校、科学高中、英才学校的专业课教师、传统优势体育项目的指导教师以及在特色化高中的特色化领域的专业课教师出现缺员时，校长有权特聘这类轮岗教师。

（2）缓期轮岗。所谓缓期轮岗是指在同一所学校的任期已满须轮岗的教师中，经由校长申请（只限本人同意）暂缓轮换、限期留任的轮岗类型。中等学校教师缓期轮岗的规定如下。

第一，缓期轮岗程序：由校长推荐，经相关部门审批后方可缓期轮岗；初中教师是地方教育厅、高中教师是市、道教育厅人事委员会审议通过后才能缓期轮岗。第二，延期时限：一般为 3 年。第三，缓期年限不计入轮岗年限之内。

在《京畿道教育公务员人事管理细则》第十一条第 2 项缓期轮岗条款中规定，以下人员可以缓期轮岗：

第一，在同一所学校任职期限已满者中，无人替换的课任教师；在研究学校尚未结题的课题负责人及参与者；校长希望继续留任的教师（须本人同意）。以上人员由本人申请，校长推荐后，在 1 ~ 4 年内暂缓轮换。

第二，在职业高中专业课岗位中没有轮岗申请者时，可以另行缓期使用原有教师；以上人员的工作业绩评价等次达到优以上。

第三，在同一所学校任职期已满的校长、校监中，2 年之内退休的人员。

3. 不同级别的校级轮岗

在韩国，初中教师和高中教师持有的是中等学校教师资格证书，但教师轮岗在原则上是按学校级别分别进行的，在特殊情况下，实行不同级别学校之间的跨学校轮岗。以首尔市为例，以下类型的高中教师可以轮岗到初中任教：本人希望到初中任教的教师；因课程调整须轮岗到初中的教师；高中校长提出要轮岗到初中的教师。

初中教师轮岗到高中任职的跨学校级别的轮岗规定是，由本人提出申请，经所属教育厅教育长推荐后，统一制订《申请轮岗高中任教人员排名表》，按科目分别向高中推荐 3 倍的候选人，最后由高中择优任用。初、高中教师的跨学校级别的轮岗是在学年初举行的定期轮岗时期内实施，但特殊情况下在学期中间也可以实施跨校级的轮岗，如出现科目教师空缺等情况，需要以轮岗来填补空缺时，就会在学期中实施跨校级轮岗。

4. 初中教师的跨教育厅轮岗

在韩国，初中教师的轮岗是以地方教育厅为轮岗人事区，以教育厅辖区内的轮岗为主、跨教育厅轮岗为辅。所谓的中学教师跨教育厅轮岗是指教师调离所属教育厅，轮岗到其他教育厅的轮岗类型。中学教师跨教育厅轮岗的步骤是：第一步，确定跨教育厅轮岗对象；第二步，确定跨教育厅轮岗教师的流入地教育厅；第三步，流入地教育厅统一分配跨教育厅轮岗教师。

5. 跨市、道间的教师轮岗

在韩国，教师轮岗除了辖区内校际轮岗、跨教育厅轮岗之外，还有跨市、道的教师轮岗，也称市、道间的教师交流。市、道之间的教师轮岗采取对等交流原则，但根据本道的教育及教师供给需要，经双方市、道教育监协商后，也可以实施单向交流。

四、轮岗制度的实施程序

韩国轮岗制度的实施过程规范，公开透明度高，保证教师流动的公平。

首先，参加流动的中小学校长、校监和教师提出申请材料，内容包括个人的教育背景、工作成果、个人信息和流动意向等。每位教师可以向道教育厅提出 4 所自己希望流动去的学校。

其次，道教育厅主要根据教师流动分配，同时考虑其居住地和个人意愿决定教师流动的学校。校长和校监流动到哪所学校不是根据流动分配，而是由道教育厅根据他们的教育经历、工作实绩、居住地、教育需要和个人意愿决定。

五、教师轮岗制度实施的激励保障措施

为了促进城乡教师轮岗制度的顺利实施，韩国政府还制定

了有关流动教师的经济待遇、研修机会、职务晋升等方面的保障措施，特别是保障偏远贫困地区教师待遇的措施。1974 年，韩国政府颁布《岛屿、偏僻地区教育振兴法》，给予岛屿、偏僻地区的教师优先研修的机会，并支付研修所需经费；给流动到岛屿、偏僻地区学校工作的教师支付岛屿、偏僻地区津贴。

为激励教师流动到农村地区执教，韩国还实行加分晋升制度，给流动到农村的教师晋升加分。根据贫困程度和偏远程度，农村学校教师将获得不同的晋升分值。此项制度在韩国教师激烈的升职竞争中，成为一个颇具吸引力的行为驱动器，激励更多的优秀教师申请到农村学校竞争上岗。作为一项经济利益鼓励措施，加分晋升制度很受韩国教师的欢迎和支持。在某种程度上，加分晋升制度的施行，缓解了农村优秀教师不足的情况。

六、实施效果

从农村学校的立场来看，韩国的城乡教师轮岗制度与相应的激励措施相互补充，共同促进教师的合理流动。城乡教师轮岗制度是一个人事管理系统，它强制要求每位教师工作一定时间之后，必须在城市学校和农村学校之间进行轮岗；农村教师的晋升加分制度和特殊待遇措施则是通过鼓励的方式，激发教师自愿到农村任教，以吸纳更多的优秀教师。很显然，这些制度和措施的实施对于稳定农村教师、改善薄弱学校教育环境、均衡校际和区域间师资差异起到了重要作用，尤其在提高农村教师素质和农村教育质量上发挥了巨大作用，进而加快了韩国实现教育公平和教育均衡发展的步伐。在韩国，城乡教师轮岗制度和加分晋升制度被认为是未来农村学校发展所必不可少的两项教育制度。

第三节　日韩两国教师流动制度的启示

一、日本、韩国教师流动制度的特点

通过上述对日本和韩国教师流动制度的政策目标、流动对象和条件要求、流动地域范围、流动类型、工作程序、相关激励保障措施等的考察，可以看出两国教师流动制度和教师流动工作明显呈现出以下特点。

第一，制度化或法治化。日本和韩国的教师流动，都具有良好的制度或法律环境，将教师参加流动的责任、义务和要求以法律的形式固定下来，使得教育行政部门在制定具体的教师流动政策、推动教师流动工作的过程中，有法可依，有度可循。如日本的《偏僻地方教育振兴法》《偏僻地方教育振兴法施行令》和《偏僻地方教育振兴法施行规则》，明确要求作为公务员的教师有责任和义务到偏僻地方任教。韩国《教育公务员任用令》第十三条第3项明确指出：为防止任用者或任用提请者所属教育公务员在同一职位或地域上长期出勤而引起倦怠，通过实施人事交流计划，可以有效率地履行教师的义务。

第二，强制性。在日本和韩国，教师轮岗是一种法定行为，是教师应尽的义务、法定义务。只要到了相关法律和法规规定的任职年限，就要强制性地实施校际和区域间的定期轮岗。

第三，全员参与。参加流动的对象是符合一定条件的全体人员。根据相关规定，凡在教育机构任职的教育公务员必须定期轮岗。也就是说，轮岗对象既不仅仅是优秀教师，也不仅仅是部分科目教师，而是所有的公立学校教师、学校管理人员以及教育行政人员。

第四，常态化。韩国的教师轮岗实行学校任职年限制和区域任职年限制，一旦到了规定的任职年限必须在校际和区域间轮岗。以任职年限为轮岗标准的制度设计，实现了教师轮岗的常态化。

第五，激励性。在具有强制性的同时，两国还特别注重采取多种手段激励教师积极参加流动。这些激励措施包括经济的和精神的、正向的和负向的。韩国规定对在任职条件较差的学校和偏远地区任教的教师给予轮岗加分、晋升加分和定期轮岗时优先选择学校等优惠，以此激励教师到偏远地区任教；同时，限制业务能力差、任职态度不端正或严重违背教师职业道德的人员的轮岗。

二、日本、韩国教师流动制度给我们的启示

日本、韩国的教师流动制度与教师流动的实践，给我们带来了深刻的启示。

1. 良好的法律制度环境，是推动教师流动顺利进行的重要保障

关于教师流动，日本和韩国都具有良好的法律制度环境，以法律的形式规定了教师流动的责任和义务，甚至流动的年限、范围和形式。韩国的教师人事制度的统一管理以及学校任职年限制度、区域任职年限制度等一些具体的制度安排，都为教师流动制度及流动工作的顺利推进，提供了制度保障。

2. 教师作为公务员的身份，为政府强制推动教师流动提供了合法依据

教师作为公务员，或者教育公务员，和其他政府公务员一样。政府及其教育行政部门有权在自己管辖的地域范围内进行师资调配，促进师资均衡配置。教师的身份不属于学校，这就扫除了教师在不同学校间流动的身份障碍。

3. 完善的激励保障措施是教师流动制度的重要组成部分

日本、韩国在制定教师流动制度，推动教师流动的同时，非常重视相关激励保障措施的配套。这些激励保障措施作为教师流动制度的润滑剂，能够有效地减少流动的阻力，克服不良情绪，激励广大中小学教师积极参加流动，尤其是流动到偏远贫困地区任教。

第五章　中小学教师流动的案例研究

——基于对我国某市教师流动的调查研究

本章选取某市 A 区、B 区作为重点调研区（县），通过政策文本分析、访谈、座谈、问卷调查等方式，收集了大量第一手资料。调研涉及学校 6 所（小学、初中各 3 所），访谈涉及教育行政部门官员、中小学校长（含副校长）、教师（包括流动教师和非流动教师）、家长、学生。发放了校长问卷和教师问卷，约 600 份。此外，还收集了某市及区（县）的干部教师流动政策文本若干。

一、某市中小学教师队伍基本情况

某市是我国西南某省省会城市，总面积 1.21 万平方千米，中心城区面积 283.86 平方千米，下辖 9 个区 4 个市 6 个县和 1 个高新技术产业开发区，户籍人口 1 142.7 万人。2011 年，该市实现地区国民生产总值 6 854.6 亿元，地方公共财政收入 680.7 亿元，城镇居民人均可支配收入 23 932 元，农村人均纯收入 9 895 元，城乡居民收入比为 2.42∶1。❶

（一）某市中小学教师队伍现状

某市有义务教育学校 978 所，其中小学 510 所，初中和九年一贯制学校 368 所，完全中学 89 所，十二年一贯制学校 11

---

❶ 某市人民政府门户网站。

所。各类中小学有专任教师 112 220 人，其中，农村学校专任教师 55 519 人，占专任教师总数的 49.47%。义务教育阶段公办学校专任教师共 68 183 人，其中小学专任教师 38 571 人，初中专任教师 29 612 人。义务教育阶段公办学校在校生 1 082 668 人，其中，小学在校生 683 258 人，初中在校生 399 410 人。❶

（二）某市 A 区义务教育阶段专任教师队伍现状

A 区作为某市核心城区之一，是国务院确定的"商贸繁华区"。A 区面积 62 平方千米，户籍人口 45.3 万人，常住人口近 70 万人，辖 16 个街道办、64 个社区、5 个产业功能区。2012 年实现地区国民生产总值 606.6 亿元，人均生产总值 1.4 万美元，地方公共财政收入 40 亿元，社会消费品零售总额 536.7 亿元，实际利用外资 14.3 亿美元，服务业增加值 505.1 亿元，城镇居民人均可支配收入 28 239 元，三次产业比例为 0.1：16.6：83.3。❷

A 区义务教育阶段学校共有 39 所，其中小学 29 所，初中 10 所。专任教师 2 552 人，其中小学专任教师 1 542 人，初中专任教师 1 010 人。义务教育阶段学校在校生共 36 945 人，其中小学在校生 23 585 人，初中在校生 13 360 人。❸

教师总体情况如下。

在学历结构方面，A 区义务教育阶段专任教师以本科学历为主，占 76.19%（见图 5−1）。

---

❶ 某市教育局门户网站。
❷ 某市 A 区人民政府门户网站。
❸ 某市 A 区教育局门户网站。

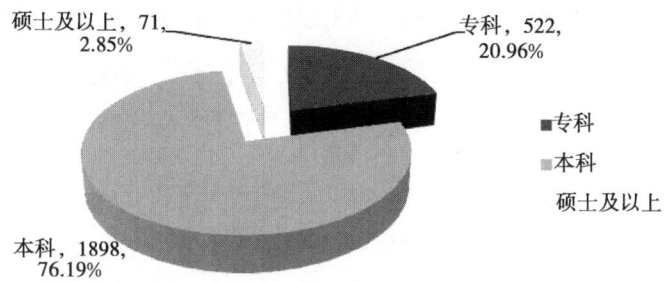

图 5 - 1　A 区义务教育阶段专任教师学历结构

在职称结构方面，小学专任教师的职称以小学一级和小学高级为主，二者共占 95.52%（见图 5 - 2）。

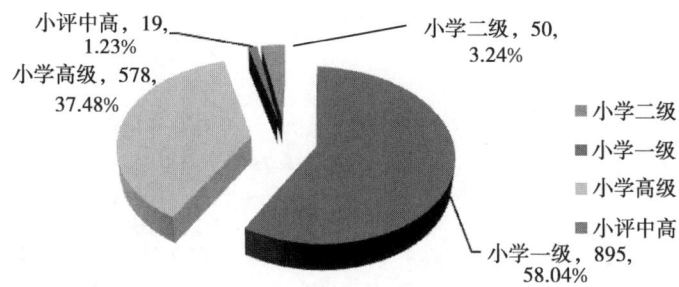

图 5 - 2　A 区小学专任教师职称结构

初中专任教师以中学二级和中学一级为主，二者共占 81.98%（见图 5 - 3）。

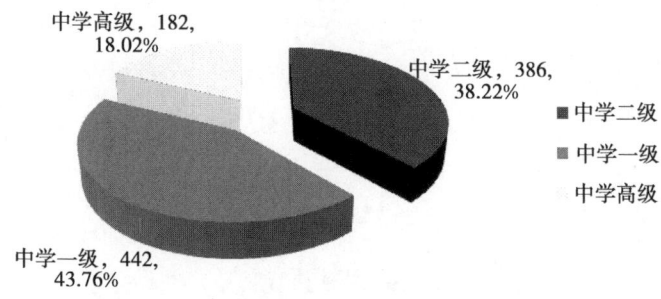

图 5 - 3　A 区初中专任教师职称结构

在荣誉称号方面，义务教育阶段专任教师中，具有区（县）级及以上学科带头人或区（县）级及以上级别的骨干教师或特级教师称号的，共计828人，占专任教师总数的32.45%。

（三）某市 B 区义务教育阶段专任教师队伍现状

某市 B 区地处某市东北部，区境地形呈现西北平坝向东南丘陵山区的走势，最高海拔916米，最低海拔451米，全区面积为378.94平方千米。2010年年末全区总人口410 559人，其中，农业人口265 028人，占总人口64.55%；非农业人口145 531人，占总人口35.45%。国民经济保持较快发展势头。2010年，全区实现地区生产总值199.66亿元，按可比价格计算，比上年增长17.6%，已连续29年保持两位数增长。第一、第二、第三产业比例关系为5.2：74.1：20.7。按常住人口计算，全区人均国民生产总值达51 551元，增长26.1%。财政收入持续增长，全年财政总收入43.24亿元，比上年增长27.2%；地方财政收入29.74亿元，比上年增长38.1%。❶2011年被某省统计局评为某省"十强县"，其中有9个工业化率超过50%，工业化率达到69.9%，B 区居于"十强县"之首。

B 区共有义务教育阶段学校27所，其中小学15所，初中12所。专任教师1 944人，其中，小学专任教师1 035人，初中专任教师909人。义务教育阶段在校生31 469人，其中，小学在校生18 342人，初中在校生13 127人。6～11岁学龄儿童入学率99.95%。幼儿园53所，在园幼儿9 170人，专任教师398人，3～5岁幼儿入园率达93.02%。

---

❶ 某市 B 区人民政府2011年 B 区年鉴，2011年12月。

教师总体情况如下。

在学历结构方面，义务教育阶段专任教师以本科学历为主，占 64.30%（见图 5 - 4）。

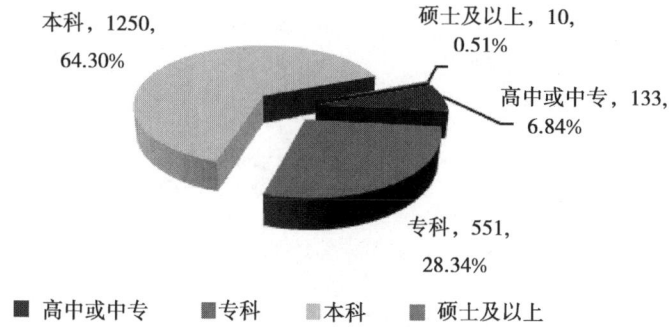

图 5 - 4　B 区义务教育阶段专任教师学历结构

在职称结构方面，小学专任教师的职称以小学高级职称为主，占 85.74%（见图 5 - 5）；

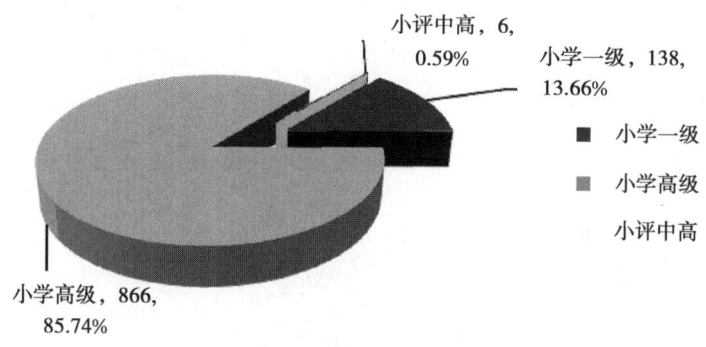

图 5 - 5　B 区小学专任教师职称结构

初中专任教师的职称以中学高级和中学一级为主，二者共占 76.06%（见图 5 - 6）。

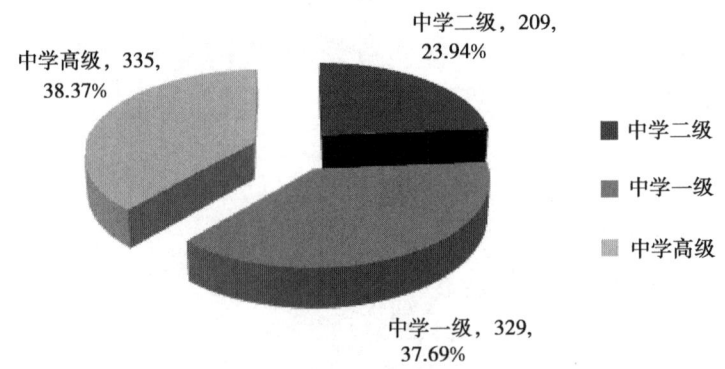

中学二级，209，23.94%

中学高级，335，38.37%

■ 中学二级

■ 中学一级

▨ 中学高级

中学一级，329，37.69%

图 5 – 6　B 区初中专任教师职称结构

在荣誉称号方面，义务教育阶段专任教师中，具有区（县）级及以上学科带头人，或区（县）级及以上级别的骨干教师或特级教师称号的，共计 774 人，占专任教师总数的 39.81%。

二、某市干部教师流动的政策、内容及实施情况

2004 年以来，某市为统筹城乡发展、促进教育均衡发展，出台了一系列关于干部教师交流、均衡配置师资资源的政策，对交流的内容作出具体规定，并得到较好的贯彻落实，收到了较好的成效。

（一）干部教师交流的主要政策

2004 年以来，某市干部教师交流主要以义务教育阶段学校为主，陆续出台的干部教师流动的有关文件见表 5 – 1。

表 5 - 1　某市 2004 ~ 2012 年出台的关于干部教师交流的政策文件

颁发时间	颁发单位	文件名称	主要内容
2004	某市教育局	关于城区和城镇学校教师到农村学校定期服务的实施意见（试行）	对全市范围内的"支教"工作作出明文规定，包括支教的范围、对象、形式、待遇、管理与考核等
2005	某市教育局	某市教育局关于 2005 年选派城区和城镇学校教师到农村学校定期服务的通知	—
2006	某市人事局、财政局、教育局	关于推进中小学干部教师定期交流工作的意见（试行）	把教师交流的范围确定在区（市）县教育行政部门所属的公办中小学校，其中以义务教育阶段学校为主，并进一步明确了需要交流的对象、交流比例（10%）、交流期限以及交流形式
2007	某市教育局	关于进一步加强干部教师交流的工作的通知	将交流的比例从 2006 年的 10%，提高 15%
2009	某市人民政府目标管理督查办公室、某市财政局、某市人事局、某市编办、某市教育局	关于深化全域教育均衡发展的意见	—
2009	某市教育局	某市教育局关于切实做好 2009 年度教师交流与支教工作的通知	—
2010	某市教育局	某市教育局关于深化城乡学校结对发展工作的意见	—
2010	某市教育局	某市教育局关于深入开展师徒牵手活动的通知	—
2010	中共某市委统筹城乡工作委员会、某市人事局、某市教育局	关于城乡中小学干部双向互派和教师交流工作的通知	—

续表

颁发时间	颁发单位	文件名称	文件号
2011	某市人民政府教育督导团	某市人民政府教育督导团关于开展 2011 年度到农村学校支教校长专项奖考评工作的通知	—
2011	某市教育局	某市教育局关于做好 2011 年城乡中小学干部教师交流工作的通知	—
2012	某市教育局、某市编办、某市人社局	某市教育局某市编办某市人社局关于印发《关于推进教师"县管校用"工作的意见》的通知	—
2012	某市教育局	某市教育局关于深化城乡教育互动发展促进教育圈层融合的意见	—
2012	某市教育局	某市教育局关于做好选派支教志愿者到农村中小学(幼儿园)任校(园)长工作的通知	—
2012	某市人民政府办公厅	某市人民政府办公厅关于进一步深化区(市)县区(县)域内公共教育资源均衡配置的意见	完善"县管校用"教师管理机制,每年教师交流的比例不低于15%
2012	某市人民政府教育督导团	某市人民政府教育督导团关于开展 2012 年度到农村学校支教校长专项奖考评工作的通知	—

(二) 干部教师交流政策的主要内容

上述一系列政策对干部教师交流工作提出了明确规定,包括交流的目的、对象、范围、时间、形式、保障条件等。

(1) 交流目的。均衡配置师资,促进城乡之间、校际之间教育优质均衡发展。

(2) 交流对象。交流对象包括校长(副校长)和教师。凡是在同一学校连续任职 9 年,男 50 周岁以下、女 45 周岁以下的校长、教师,都属于交流对象。2002 年以后入职的城镇学校教师,评审中、高级职称,必须具有 1 年以上(含 1 年)

的农村学校任教经历。

（3）交流比例。某市中小学干部教师交流的比例呈现出逐步提高的特点。最初规定，每年交流人数不低于应交流教师总数的10%，逐步提高到2007年的15%，2015年要达到20%。

（4）交流范围。包括一、二、三圈层之间的跨区域交流和区县内部的交流。

（5）交流形式。以校与校甚至区（市）县之间的对口支援为载体，采取多种形式推动干部教师双向交流，具体包括支教、城乡学校结对发展、师徒手牵手、顶岗学习、挂职锻炼、集团化办学、干部互派等。

（6）交流时长。选派城区优秀干部任农村学校校长（副校长）的交流为3年，农村学校派往城区学校挂职学习的干部时长为1年。教师的交流为1~3年。

（7）管理考核。以市级交流政策为指导，市级教育局负责市直属学校的交流工作，各区（市）县教育局具体负责各自辖区的交流工作；明确各级教育行政部门、对口支援双方学校、交流干部、教师的管理权限和工作职责。对学校和交流教师、校长提出明确要求，并进行年度与交流期考核，依据考核结果给予相应奖惩。

（8）保障激励措施。保障措施包括三个方面：一是相关制度的配套保障。如2012年，某市教育局、市编办、市人社局联合出台《某市教育局某市编办某市人社局关于印发〈关于推进教师"县管校用"工作的意见〉的通知》（成教发〔2012〕12号），加快推进县域内教师无校籍管理，使教师由"单位人"转变为"系统人"，实现教师队伍县域内统管统用、合理配置。这为深化干部教师流动扫除了教师人事管理体制上的一大障碍。

二是经济待遇保障与激励。如确保交流干部教师的待遇不降低，交流到农村学校享受不等的农岗补贴，到城区学习、锻炼的干部教师，原有的农岗补贴不变，同时还发放一定的交通补贴。

三是精神方面的保障与激励。在职称评审、评优评先时，优先考虑完成交流任务的干部教师。分配市级"名优"教师推荐名额时，将向支教和交流任务完成好的区（市）县倾斜。未完成支教和交流任务的区（市）县，将适度减少市级名优教师推荐名额。

纵向分析某市近10年来干部教师交流的一系列政策文本，可以发现，某市中小学干部教师交流工作可以划分为三个阶段：以对口帮扶为主要形式的初级阶段，以对薄弱学校支教为主要形式的中级阶段和以干部教师定期轮换为主要形式的高级阶段。

某市干部教师交流工作呈现出以下特点：由初期探索到大踏步向前迈进，流动的范围在逐渐扩大，流动的比例在逐年提高，制度创新逐渐深入、增强；流动制度越来越完善，教师管理体制、机制逐步理顺，保障激励措施越来越有力。

（三）干部教师流动政策的实施情况

2004年，某市教育局颁布《某市教育局关于城区和城镇学校教师到农村学校定期服务的实施意见（试行）》（成教人〔2004〕43号）。某市中小学干部教师流动工作发轫于"对口帮扶"形式。随着市级层面相关政策的出台，各区（市）县纷纷出台各自的交流文件，将交流工作进一步具体化。

1. 各区（市）县出台的干部教师交流政策

表 5 - 2　某市部分区（市）县干部教师交流的主要形式与做法

	B 区	C 区	D 区
文件名称	某市 B 区教育局关于城乡中小学干部教师交流工作的实施意见	C 区教育局关于推进干部教师定期交流的实施意见	关于推进中小学干部教师定期交流工作实施意见；某市 D 区教育局关于进一步规范干部教师交流管理工作的通知
范围	区属义务教育公办学校	学区内；区属公办学校，以义务教育阶段学校教职工为主	区属公办中小学，以义务教育阶段学校为主
对象	在同一学校任教满 3 年，男不满 50 周岁，女不满 45 周岁的教师、校长和副校长	在同一学校任职满 9 年的校长、副校长、教师，且男不满 50 周岁，女不满 45 周岁	在同一学校任职满 9 年的校长、教师；连续工龄已满 25 年或者在本单位连续工作已满 10 年且年龄距法定退休年龄已不足 10 年的人员可不纳入交流范围。本年度考核为基本称职及以下等级的，两年内不纳入交流范围
时间	—	干部 3 学年，教师 1 学年	干部 3 学年，教师 2 学年
比例	不低于应交流总数的 15%	每学年不低于应交流人数的 10%	每学年达到应交流人数的 10% 以上
性质	全职跨校交流	双向流动，全职跨校交流，人事关系不动	城区赴农村的，人事关系不动；在城区内交流的，人走关系走。农村赴城区的，人事关系不动；在农村学校内交流的，人走关系走
形式	选派中小学干部到中心城区学校挂职锻炼，选派农村中小学后备干部到城区学校、教学中层及以上管理岗位锻炼，为期 1 学年	指导性交流；校际间协作交流；个人主动性交流；其他形式的交流	双向交流
福利	按原单位绩效工资平均标准发放	工资由原单位发放，但可以享受农村学校补贴	对干部每月补贴 500 元；交流教师享受不等的农岗补贴

续表

	B 区	C 区	D 区
	每月 200 元支教补贴	评职评优"双倾斜"	评职评优优先
保障	—	区域教师管理服务制度"六统一":统一教师编制标准、统一学校岗位结构比例、统一教师招考聘用、统一教师工资待遇制度、统一教师考核办法、统一退休教师管理和服务	区教育、编制、人事、财政部门联动,出台相应保障措施
管理	—	坚持对交流教师的考核聘用制度;2000 年以后参加工作的城区学校教师评(聘)高中级教师职务,应有在农村学校工作 1 年以上的经历	"区管校用",成立区教师管理中心;对交流的干部教师有明确的任务目标和考核要求

2. 各区(市)县干部教师交流的具体做法

某市干部教师交流工作坚持"市域统筹下的县域互动"原则,在市教育局的统筹领导和政策引导下,各区(市)县坚持以义务教育阶段学校为主体,坚持双向交流,坚持圈层融合、区域互动,创造性开展工作,形成了多形式、多层次、双向交流的工作格局。

通过市域内和县域内的干部互派、中心城区教师下乡支教、县域内教师交流、师徒结对互动、名校集团互动等多种交流形式,实现了指导性交流、校际间协作交流、集群交流、个人主动交流、学校对口交流、学校"链条式"结对交流等教师合理流动的目标。

(1)跨区域交流,实现圈层融合。某市教育局直属学校的干部教师开展跨区域交流的,由市教育局协调安排对口学校,一般安排到农村学校或薄弱学校。跨区域以柔性交流为主,即人事关系不动。区域内交流以柔性交流为主,硬性交流为辅,并随着"县管校用"制度的确立，逐渐过渡到不再涉及人事关系。

一、二、三圈层之间实行跨圈层、跨区县交流。依据地理位置、经济社会发展水平等，某市把下辖19个区（市）县、1个高新区划分成三个圈层，即一圈层、二圈层、三圈层。处于不同圈层的不同区（市）县之间，每年都要互派干部和教师。处于一圈层核心城区的区，每年要选派干部和优秀教师到二、三圈层的学校任职；二、三圈层区县选派干部和教师到一、二圈层优质学校挂职锻炼，顶岗学习。

（2）区域内部，干部教师交流更频繁、形式更多样。区域内的干部教师，其交流更加频繁，形式更加多样，也更加深入。各区（县）采取的交流形式，既相互借鉴学习，又各具特色，教师交流形式非常丰富。

就交流轮岗而言，有指导性交流轮岗、校际间协作交流轮岗，也有个人主动交流轮岗，还有其他形式的交流。D区的教师交流就有这样的特点。指导性交流是指优质学校或城区学校按照区教育局的统一安排，派出骨干教师和一定数量的干部，到农村学校或相对薄弱学校任教、任职，发挥指导性、辐射性、示范性作用。校际间协作交流是指区教育局根据区内同类学校实际情况确定校际间协作交流学校名单，对口交流学校之间签订协议，明确双方交流的意向、人员、内容和有关项目，经区教育局批准后进行协作交流。个人主动性交流是指凡符合交流条件的城区学校在职干部教师均可自愿提出到农村学校或薄弱学校交流的申请，经区教育局审批后进行交流。其他形式的交流，如学校因区域布局调整需合并、停办造成超编情况应交流到其他学校。

师徒结对是教师交流的特殊形式。C 区开展区内名优教师与农村学校和薄弱学校师徒结对子、牵头带徒活动，平均每位名师至少与 3 名农村学校和薄弱学校教师结对，带动农村校、薄弱校青年教师专业成长。

名师送教下乡也是教师交流的重要形式。某市和下属区（县）教育局组织名优教师到农村学校、薄弱学校开展讲学、示范课、教育教学课题研究等活动，充分发挥专家教师对青年教师的专业引领作用。

成立"名优教师工作室""教师专业发展导师工作站"是将师徒结对、送教下乡活动常规化、制度化的重要举措。某市及下属区（县）教育局为了充分利用名优教师的优质资源，让名优教师多带徒弟，带好徒弟，将"传、帮、带"指导活动常规化、制度化，特意成立"名优教师工作室""教师专业发展导师工作站"，促使青年教师尽快成长，以提高全区教师的整体素质。

（3）区（市）县之间加强联系与交流。2011 年 A 区与 B 区强化"锦情"教育交流，B 区共组织了 3 批 24 人到 A 区结对学校开展跟岗（定岗）交流学习，促进了两区师资队伍建设和教育教学工作的深度合作。借助 A 区的优质资源，提升了 B 区的学校管理水平和教育教学水平。

2012 年，某市 S 县教育局、B 区教育局联合出台《关于双青城乡教育互动发展圈层融合工作的实施意见》（青教发〔2012〕120 号）。该文件规定，以区县联盟和跨区域学校结对为主要载体促进区域之间、学校之间在事业规划、制度建设、教育管理、队伍建设、教学质量、课题研究、校外实践等多方面的联动发展。该文件对两个区（县）合作的工作原则、主要内容、保障机制等都有明确的规定。

3. 某市干部教师交流的数量与比例

某市中小学交流工作的对象主要是符合一定条件的校级干部和教师，交流的范围包括跨区域交流和区域内交流，以区域内交流为主。这里的"区域"是指某市辖区的区（市）县。

干部区域内交流的比例有一定波动，交流比例较低的年度是 2011～2012 年，为 13.4%；较高比例的是 2012～2013 年，为 22.4%，超过应交流干部总数的 1/5（见表 5–3）。

表 5–3　2009～2013 年某市干部教师交流数据统计表

学年度	干部交流人数			教师交流人数				师徒结对		
	跨区域干部交流人数（人）	县域内干部交流		跨区域支教		县域内教师交流		总计（人）	名师和骨干教师（人）	农村教师、青年教师（人）
		区域内干部交流（人）	占义务教育学校校长（含副校长）总数的比例（%）	跨区域支教教师数（人）	占城乡结对学校专任教师的比例（%）	县内教师交流数（人）	占应流教师数的比例（%）			
2009～2010	53	324	15.98	121	1.10	6 810	17.26	13 515	5872	7643
2010～2011	30	365	18.10	133	1.21	5 288	13.40	15 994	7 175	8 819
2011～2012	71	266	13.40	275	2.50	4 174	11.20	10 026	3 725	6 301
2012～2013	123	390	22.40	754	2.52	4 759	16.23	7 539	2 993	4 546

教师区域内交流呈先降后升趋势，2011～2012 年交流比例较低，为 11.2%；2012～2013 年较高，为 16.2%（见图 5–7）。

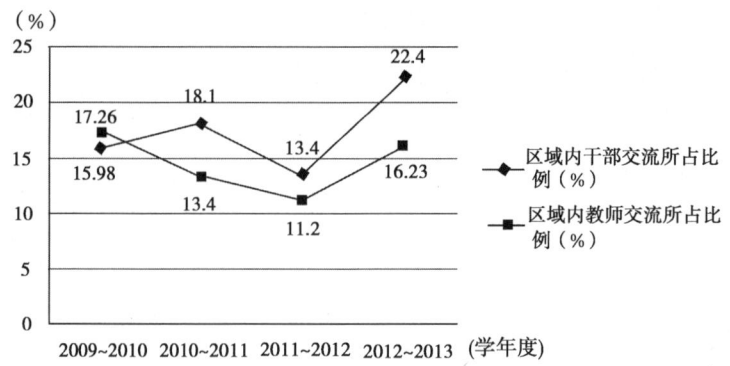

图5-7 2009~2013年某市干部教师区域内交流人数分别占应交流人数的比例

尽管跨区域交流的人数远少于区域内交流，但无论是干部交流还是教师交流，交流人数都在逐年增加。这说明某市在努力克服跨区域交流的困难，推动圈层之间教育均衡发展。

三、某市干部教师交流政策实施的评价

在统筹城乡发展，均衡配置教育资源，促进城乡教育优质均衡发展方面，某市走到了全国前列。尤其在规范干部教师流动，均衡配置教师资源方面，某市干部教师流动政策取得了显著成效，积累了可供全国其他省市借鉴的丰富经验。但是在推进干部教师交流工作中，某市也遇到了一些问题和困难，需要进一步厘清和解决。

（一）某市干部教师交流政策的效果

2009年，教育部与某市共建全国统筹城乡教育综合改革试验区，并签署协议。以此为契机，某市充分利用先行先试、综合改革的政策优势，进一步进行制度创新，深入完善城乡干部教师双向流动工作，在理念上突破，在探索中推进；既重理性分析，又重现实突破，既要综合推进，又要建章立制，取得了显著成效；教师管理体制机制得以创新，干部教师交流制度

日益完善，城乡教师资源配置一体化水平得到大幅提高。

1. 创新了干部教师管理体制

推进干部管理制度改革，实行校长任期制、交流制，规定校长在一所学校满三个任期，即 9 年，就必须流动到其他学校。取消学校和校长的行政级别，为校长交流扫除了行政级别差异上的障碍。推行"县管校用"制度，打破学校对教师的"一校所有制"，教师的个人编制从学校剥离，统一收归"县管"，实行教师"无校籍管理"，变"单位人"为"系统人"。教育行政部门负责全面统筹教师编制和个人身份管理工作，在学校之间合理、均衡配置教师资源，而学校则负责教师的使用、培训和考核。2011 年，C 区、D 区等 4 个区县将 7 200 名教师纳入"县管校用"，有效地促进了干部教师的交流和教师资源均衡配置。2012 年，某市已在全市全面推行该项制度。

2. 教师资源配置城乡一体化水平大幅度提高

某市统筹推进"区管校用"教师管理制度改革，破解教师流动的体制障碍，促进教师交流；统筹实施市政府出台的"某市特岗教师计划"、免费师范生培养计划、"名优退休教师下乡兴教常青树计划"三大计划，补充农村教师，改善农村教师结构；统筹实施校长定期交流、城区学校校长到农村学校挂职、农村学校校长进城跟岗学习、教师支教、送教下乡、教师城乡交流六大制度，促进城镇干部教师向农村学校和薄弱学校流动，农村学校和薄弱学校干部教师流向城镇学校锻炼学习，实现双向交流。

3. 干部教师交流制度日益完善

交流制度所包含的主要内容，如指导思想、基本原则、交流目的、交流对象、交流比例、交流范围、交流形式、交流性质、管理考核、保障措施等都日益明确，并稳定下来，这有利于各区（市）县教育行政部门、中小学校、干部和教师全面贯彻执行交流制度。交流制度作为一项制度创新，逐渐嵌入到现有的教育管理制度框架之中，并与其他制度安排日益协调一致。

4. 降低了择校率，社会满意度持续上升

2009 年，某市城乡受访者对该市教育总体工作的"高度满意"率达 77.73%；2010 年选择"高度满意"者达 80.85%。人民群众反映的"上学难""上学贵""择校热"等热点、难点问题得到有效缓解。2011 年，中心城区 18 所热点小学择校率较 2010 年降低 17.04%，12 所热点初中平均择校率较 2010 年降低 41.85%，城乡居民对教育的满意度快速上升，分别达到 90.94% 和 94.47%。

5. 促进了城乡之间、校际之间的教育均衡

教师资源均衡配置是城乡教育均衡发展的关键因素和重要基础。某市干部教师资源在圈层县域之间、县域内部统筹配置，缩小了圈层之间、区县之间、城乡之间、校际之间的师资差距，使全市城乡中小学生都能享受优质教师资源，满足了大家"上好学"的愿望。师资的均衡配置和互动交流，有力地促进了城乡教育均衡发展。

6. 广大干部和教师对流动的接受度、认可度越来越高

干部教师对流动制度有一个接受的过程。最初是不理解、反对、焦虑，随着对流动制度意义的理解，逐渐接受了这一政策。调研结果表明，89.3% 的校长认为流动有利于均衡师资配置，92.9% 的校长认为流动有利于提高农村学校和薄弱学校的教学水平，94.7% 的校长认为区（县）的教师流动制度设计科学合理，81.5% 的校长都能够全面贯彻教师流动政策（见图 5 - 8）。

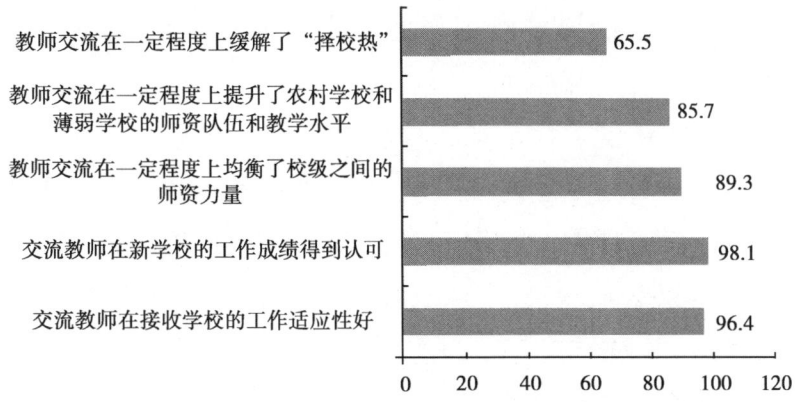

教师交流在一定程度上缓解了"择校热"　65.5

教师交流在一定程度上提升了农村学校和薄弱学校的师资队伍和教学水平　85.7

教师交流在一定程度上均衡了校级之间的师资力量　89.3

交流教师在新学校的工作成绩得到认可　98.1

交流教师在接收学校的工作适应性好　96.4

图5-8　中小学校长对教师交流工作的评价（%）

大多数教师能够认识到教师流动政策的意义。68.8%的教师认为，教师流动有助于区域教育均衡发展。但对流动工作的态度，总体上，将近一半的教师明确"支持流动"，占48.34%；41.4%的老师持"无所谓"的态度，"明确反对流动"工作的仅占10.3%。就城区教师来看，43.4%的老师"支持流动"，43.4%的教师持"无所谓"的态度。在乡镇教师中，57.3%的老师"支持流动"。在农村学校教师中，94.1%的教师"支持流动"。

（二）某市干部教师交流的主要经验

某市干部教师交流工作，走在全国前列，积累了丰富经验。

1. 提高认识，统一思想，坚持政府推动，为交流工作提供制度保障

推动干部教师交流工作是以促进教育优质均衡发展、追求教育公平为旨归的，是经济社会、教育事业发展到一定水平之

后的必然战略选择。只有广大教育工作者，尤其是教育行政部门的领导首先认识到该项工作的重大意义和价值、统一思想，才能更好地推动干部教师交流工作。某市各级政府及其教育行政部门充分认识到了这一点，坚持政府推动，走出了一条政府主导下强制性制度变迁之路。同时，明确各级政府及其教育行政部门的责任，加大考核与管理力度，从而加强了交流工作的制度保障。

2. 坚持"双向交流"，既坚持输血，又注重增强造血功能

某市的干部交流工作，无论是圈层之间的融合，还是区（县）域内部城乡学校之间的流动，始终坚持"双向交流"的原则。仅仅依靠中心城区学校定期向二、三圈层学校派遣干部教师支教、讲学是不够的，还需要二、三圈层的学校定期派遣干部教师到中心城区学校跟岗学习、实践锻炼。除了选派干部和骨干教师到农村学校、薄弱学校支教之外，更需要为农村学校干部教师创造学习提升的平台与条件，激发起其内在学习发展的动力，增强其自身成长的机能。

3. 创新交流形式，实现干部教师在教育集团、教育链等内部的充分交流

为加快统筹城乡教育综合改革试验区建设，某市于2009年组建了名校集团，推动优质教育资源的全域覆盖。某市各区（市）县充分发挥积极性和创造性，纷纷建立教育集团、教育链等，将中小学纳入到这些教育组织中间。这既是一种办学模式的创新，也是干部教师交流形式的创新。

A区成立"优质教育链"，即按照"名校＋弱校""名校＋名企""名校＋新校"三种方式串珠成线，将区域内的优质学校作为"枢纽"，以全面链接的方式实现优质教育资源共

享。目前，A 区共建成涵盖学前教育、义务教育、高中阶段教育的教育链 11 条，学校从市中心延续到城郊接合部的涉农学校。如成都师范学校附小教育链、成师附小万科分校教育链、盐道街小学教育链、成都七中育才学校教育链、盐道街中学教育链等。在教育链内，学校的边界逐渐被打破，各种教育资源都可以共享，尤其是干部教师资源，其交流和共享的程度更加充分。

B 区，成立了 7 大教育集团，将全区所有的中小学、幼儿园、职业学校都纳入这 7 个教育集团中，每个集团有一个龙头学校。如大弯中学教育集团、川化中学教育集团、北大附中教育集团、大弯小学教育集团、实验小学教育集团、巨人树实验幼儿园教育集团、前进职高教育集团，形成高中辐射初中、初中带动小学的递进发展模式，普教、职教、幼教协调发展的格局。每个教育集团各有特色，城厢中学、城厢学校、姚渡学校组成以艺体教育为特色的教育集团；大弯小学、祥福小学、玉虹小学、大同小学组成以大美育为特色的教育集团，实行集团内教师双向交流、资源共享。

4. 坚持制度协调创新，创设干部教师流动的良好制度环境

干部教师交流工作及交流制度的建立，涉及干部教师管理体制、编制管理、绩效工资、学校管理、教师专业发展等方面的改革与创新，需要教育、人事、编制、财政，甚至组织等部门联动。某市走出了一条协调创新的路子，通过一系列改革创新，将干部教师流动制度嵌入到教育管理的制度框架中，协调运转。"县管校用"将教师的身份由"单位人"变为"系统人"，扫除了管理体制的障碍。2007 年，C 区在全国率先成立教育人才管理服务中心，将系统内全体教职工的人事关系纳入

中心统一管理，由"单位人"转变为"系统人"。中心与在编教职工签订《事业单位聘用合同》，与 64 个学校（单位）签订《派遣协议》；学校与教师签订《岗位聘任协议》，实现系统人员的全体流动。

创新教师管理制度，推进干部教师交流。评定中、高级职称，必须有至少 1 年的农村学校或薄弱学校任教经历，这一硬性规定，激发了教师交流的积极性。教育集团、教育链的建立，使得干部教师在集团、链内的交流更加充分。另外，设立激励、保障制度，给予交流干部教师一定的心理补偿和经济补偿。

5. 落实责任目标，规范交流程度，严格管理考核

某市政府将干部交流工作纳入对各区（市）县政府年度教育工作的考核内容，明确考核目标、内容和要求。某市教育局将干部教师交流工作目标任务的完成情况纳入对区（市）县教育局的年度目标考核和统筹城乡教育综合改革试验区建设专项目标考核。各区（市）县结合本区域实际情况，将此项工作纳入对校长和学校的目标考核，制订相应的责任目标和职责，落实交流学校职责和交流干部职责，制订切实可行的干部教师交流工作方案。明确规定交流的范围、形式、时间、程序和保障措施，学校按照规范化的程序开展干部教师交流工作，履行交流手续，及时上报备案。严格管理考核，加强对结对学校的督察，定期或不定期对各学校结对工作的开展情况进行督导评估，评估结果纳入学校年度考核目标；加强对交流干部教师的考核，试行校校核查，定期对交流教师的出勤、课时和工作纪律进行督察。

以 B 区为例，出台了一系列评估、考核文件。《某市 B 区

教育局关于教育集团 2010 年度考核的实施方案》（青教发〔2010〕28 号），对考核目的、考核总分数和等级标准、考核方式、结果审定、表彰与奖励等进行了明确规定。《某市 B 区教育局关于双青互动融合结对学校区域内城乡学校结对师徒牵手工作考核评估实施意见》（青教发〔2013〕42 号），对评估范围、时间、内容、形式、分数与等级标准、表彰与奖励等进行了明确规定。《某市 B 区教育局 2013 年名校教育集团考核评估实施方案》（青教发〔2013〕41 号），对考核的原则与范围、考核方式、结果审定等进行了明确规定。

（三）干部教师交流工作存在的主要问题与困难

干部教师交流工作中遇到的问题和困难，主要体现在教师人事管理体制、学校管理、交流干部教师自身遇到的困难、家长和学生的意见等方面。

1. 定岗定编与交流教师的岗位等级聘用产生矛盾

交流与岗位等级规定之间的矛盾问题。国人部发〔2006〕70 号文件规定，事业单位聘用人员，应在岗位有空缺的情况下，按照公开招聘、竞聘上岗的有关规定择优聘用。定岗定编之后，各单位的编制数量、岗位等级结构都是相对固定的。在这种情况下，"人走关系走"的刚性交流，教师交流到其他学校，就必然面临着岗位的重新聘任；如果调入学校的高一级岗位和同等级岗位无空缺，那么，交流教师的岗位重新聘任只能降等降级，甚至一降到底，造成降级聘任、高职低聘现象。这对交流教师来说，是不公平的，既影响经济收入，也必将挫伤他们的工作积极性。定岗定编成为校际合理人才流动的一个严重制约。

2. 学校教职工编制过紧制约教师流动

当前，无论是城区学校，还是农村学校，都面临编制紧张的问题。有的地方还较为普遍地存在"超编缺岗"的矛盾现象。中小学教师配备偏紧，教师工作量满额，甚至出现一人多岗、超负荷工作的情况，"一个萝卜一个坑"，甚至"一个萝卜几个坑"。在编制紧张的情况下，无论是优质学校、普通学校还是薄弱学校，在教师流动上都遇到了编制的瓶颈。对优质学校来说，没有富余教师能够派出去交流，薄弱学校也没有富余教师可以派到优质学校学习交流。即使经过协调派出了教师，其工作岗位由谁来顶替，这对校长来说都是不小的难题。

3. 对交流干部教师的激励补偿力度小

跨区域交流、地域辽阔的区域内交流，距离遥远，交通不便，来回交通成本高，现有的交通补贴杯水车薪，不足以弥补交流干部教师的交通费用。有的区（县）发放给交流干部教师的交通补贴每月仅50元。

干部教师，由城区到农村，由优质学校到薄弱学校，由于城乡之间的巨大差距，难免会在心理上产生一定的失落与不满。对这一心理现象，教育行政部门应该予以重视，给予相应的心理补偿。

尽管有政策规定、制度约束，城区学校的干部教师交流到农村学校、薄弱学校，在一定程度上仍然是一种奉献行为。短期行为靠奉献，长期行为就要靠机制和经济激励。加大经济补偿力度，对弥补交流干部教师的心理落差，缓解不满情绪具有良好作用（见图5-9）。

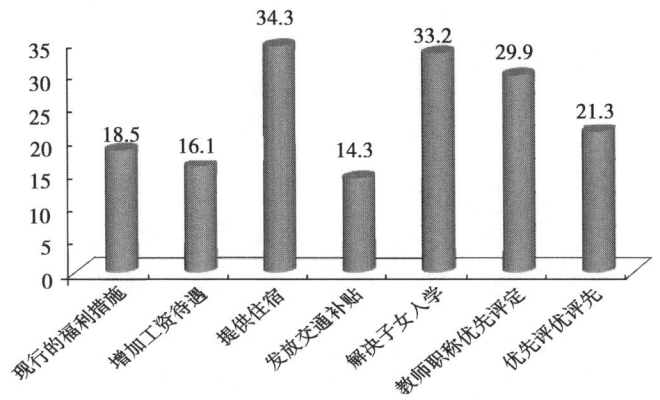

图 5 - 9　学校为流动教师提供的福利和保障（%）

4. 干部教师逆向流动难度大，优质学校动力不足，工作推进缓慢

让城区学校，尤其是城区优质学校的干部教师交流到偏远农村学校、薄弱学校任教，违背了"人往高处走"的心理倾向，工作推进起来具有较大难度。城区学校的干部教师，工作条件好，社会地位高，高收入机会多。而山区和偏远农村学校交通、文化生活、子女就学、就医、住房等条件都相对不便。城区学校的教师不愿意向山区学校、农村学校流动。干部的交流也是如此，城镇学校、规模大的学校校长不愿意流动到偏远农村学校、薄弱学校、规模较小的学校任职。

在教师流动中，优质学校是优质师资的输出者。在短期内，优质学校优秀教师的外流会稀释学校的优质师资，会在一定程度上影响优质学校的教育教学工作。所以，优质学校对教师流动政策的认可度较低。

作为城区学校的校长，除了面对自己被交流的境况，还要完成本校教师的交流任务。在交流对象群体确定的情况下，先派、后派哪些教师交流，需要做非常大的动员、协调工作。每

117

年6月下达交流任务指标后，校长就开始安排人选，直到8月，甚至9月才能确定最终人选。有的学校甚至用抓阄的方式确定交流人员。

5. 交流比例过大、流动过于频繁可能会冲击学校发展

频繁、大比例的干部教师交流可能会对学校尤其是优质学校的管理带来消极影响，可能会造成"削峰填谷"的后果。其影响主要体现在以下几个方面：一是冲击学校的正常教学秩序。教师的流出流入，打乱了学校教学工作，需要重新排课，安排教师。二是冲击学校特色发展。很多学校的特色都依托于某几位甚至某一位教师，如果这些教师被交流到其他学校，将对原来学校的特色发展带来毁灭性打击。三是冲击校园文化建设。学校文化的形成需要长期的积淀，需要相对稳定的领导班子和师资队伍对组织的忠诚和认同以及持续的努力；如果频繁流动，必将冲击现有的学校文化。四是挫伤校长打造师资队伍的积极性。频繁的流出流入，将影响校长建设教师队伍的规划性和积极性，使学校只重使用而轻培养。长此以往，非常不利于区域教育质量的整体提升（见图5-10）。

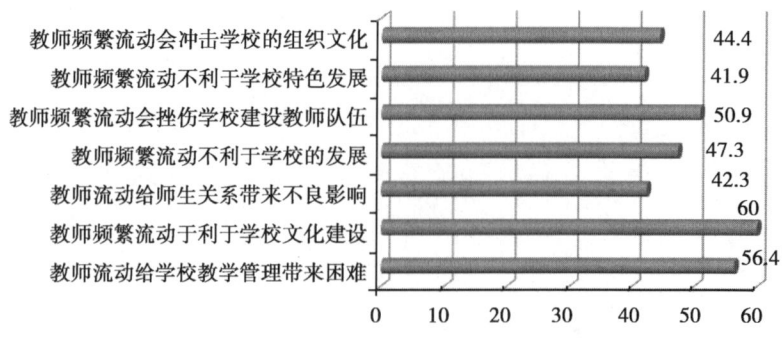

图5-10 中小学校长对教师流动的看法（%）

6. 交流干部教师的专业可持续发展受到一定影响

对交流到农村学校、薄弱学校的干部教师来说，在交流期间，其专业发展可能受到一定消极影响。参与流动的教师在薄弱学校或农村校工作，由于生源质量、学校文化、办学资源和各种进修学习机会等各种因素影响，其专业发展可能停滞，甚至倒退；交流结束回到原学校时，很可能已经难以胜任原学校的教育教学工作，或者难以评上高一级职称。一些年长的骨干教师因其自身素质过硬、适应性强，受到的影响较小，年轻教师受到的不良影响最大。还存在一种情况，流动教师在薄弱学校任教科目与原来所教科目不对口，这种现象对这些教师专业持续发展产生的消极影响较大。

某市一所优质学校的副校长交流到远郊县任校长。他表示，自己最怕的是交流出去几年以后，自己就变成了远郊县的人、远郊县的思维、远郊县的水平，等回到原来学校时，可能在岗位上工作就吃力了，学校就看不起他了。

7. 部分农村学校的教师安于现状，消极对待交流

全面实施绩效工资之后，农村学校教师的工资大幅度提高，但教师工作绩效的差异没有体现出来，"干好干坏一个样"，"大锅饭"现象再现，绩效工资其应有的竞争、激励功能大为弱化。因此，部分农村学校教师工作目标模糊，安于现状，不思进取，不愿意到新的岗位上接受新的挑战。

8. 交流干部教师遇到一系列现实困难

干部教师交流到其他学校，尤其是偏远的农村学校，遇到一系列现实困难。首先是交通与住宿问题。跨区域交流、距离遥远的山区学校，交通非常不便，住宿条件差。其次是难以照顾家庭。对于"上有老，下有小"的教师来说，长期交流在

外，难以照顾老人，也照顾不到孩子的生活与学业。其三，是适应性问题。新学校、新学生、新同事，都需要一个适应过程（见图5-11）。

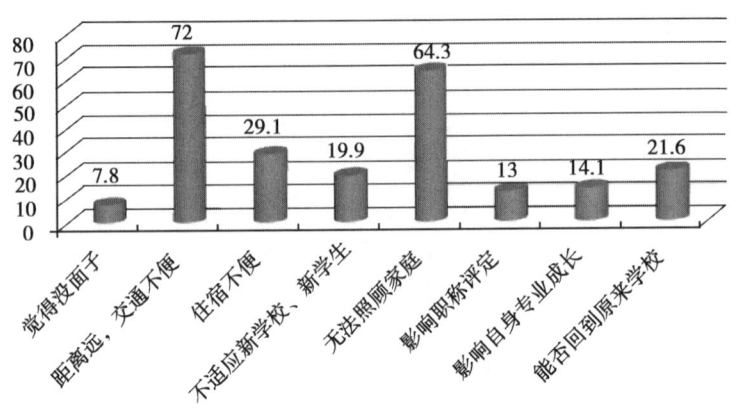

图5-11 交流中，教师遇到的困难（％）

9. 城区学校、优质学校的学生家长反对骨干教师的流出

城区学校、优质学校的学生家长给交流工作带来的阻力主要在两个方面：一是反对自己孩子所在学校的名师、骨干教师，尤其是自己孩子所在班级的好老师突然流出；二是反对农村学校、薄弱学校锻炼学习的教师任教自己孩子所在的班级。据某市一所优质学校的领导讲，农村学校派来的老师，优质学校的家长和学生不接受，有的班级甚至出现家长和学生一起罢课的现象。

四、对干部教师流动制度的意见和建议

（一）科学界定干部教师交流制度的基本内容

1. 交流对象

以校级及以上骨干教师、学校中层及以上管理干部为主，

且男 50 周岁以下、女 45 周岁以下，身体健康。

教师流动政策的对象应该包括以下几个群体：

（1）校级及以上骨干教师，具体包括校级骨干教师、区（县）级骨干教师、区（县）级学科教学带头人、省市级骨干教师、省市级学科教学带头人、特级教师等优质教师资源。

（2）学校中层及以上管理干部，包括学校中层管理干部、副校长、副书记、校长、书记。

2. 交流时间：1~3 学年为宜

根据学段年限、学科教学要求、流入学校的工作要求和骨干教师的任务安排，合理确定干部教师流动的时间长度。科学确定干部教师交流的比例和时间长度，既要确保教师交流切实发挥实效，又要确保给城区学校带来的消极影响最小化。干部教师交流比例的高低和交流时间的长短，直接决定着交流工作的实际效果。交流比例低、时间短，将会使以交流促进均衡发展的目标实现大打折扣；而交流比例过高、时间长，则会给学校发展、交流干部教师本人带来诸多问题。尤其是对学校发展带来的冲击，如组织文化建设、学校特色发展、教师队伍建设等，相当多的校长对此表示了一定程度的担忧。根据调研结果，51.8% 的教师希望流动时间为 1 学年。

3. 流动比例：应交流对象每年交流比例在 15% 以下

学校发展的规律和教师专业成长的规律要求教师队伍必须具有一定的稳定性。从教师个体的角度看，频繁、高比例的流动不利于教师自身的成长；从学校的角度看，频繁、高比例的流动将会冲击学校现有校园文化，不利于办学特色的形成，也不利于学校的可持续发展。

4. 交流范围：以区（县）内交流为主，跨区（县）交流为辅跨区交流，距离更远，教师个人会面临诸如交通、住房、家庭、不适应等问题；在管理体制上，也会遭遇更大的体制性障碍，难度非常大。在同一个区县内部，各方面的差距相对小很多，交流遇到的难度会小一些，教师在心理上也有比较合理的预期，更容易接受。

5. 交流形式：多种交流方式并举，倡导双向交流

区（县）内，可以采取柔性交流，即人事关系不动；也可以采取刚性交流，即"人走关系走"。跨区（县）以柔性交流为主。可以采取多种方式交流，通过学校结对、人员结对，以骨干教师带教、专职教师走教、优秀课例点教、青年教师支教等形式，大面积提升农村学校的教学质量，推进城乡学校教育质量均衡发展。根据调研结果，59%的教师认为，应该可以自主选择人事关系流动与否（见图5-12）。

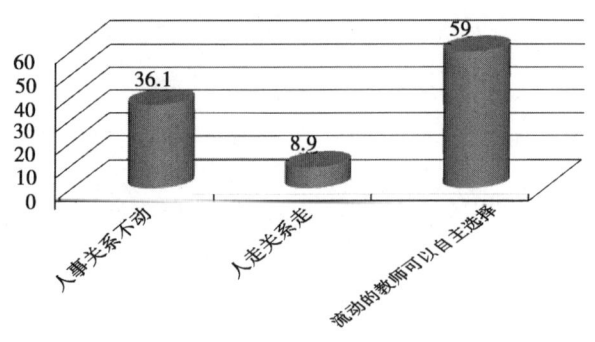

图5-12　交流教师希望人事关系的安排（%）

教师希望人事关系能自主选择的，城区学校、乡镇学校、农村学校的比例分别为：54.6%、76.8%、56.0%。

（二）坚持行政主导，建立干部教师流动的刚性机制

各级政府及其教育行政部门要坚持推动干部教师交流，提升师资配置的均衡化水平。通过政策引导、体制机制创新，不

断探索干部教师交流的规律，建立起完善的干部教师交流制度。深化教师人事制度改革，推行"区管校用"制度，破解流动的体制障碍。改革职务（职称）聘任制度，将在农村学校、薄弱学校任教经历作为评定中高级职称的必要条件。明确各级政府及其教育行政部门、学校工作职责，以行政手段推动干部教师交流。

（三）建立对交流干部教师的激励、保障机制，加大激励力度

建立有力的激励、保障机制，从物质和制度两个方面加大对交流干部和教师的补偿。教育行政部门协调同级财政部门设立专项资金，用以对交流干部教师的经济补偿，提高交通补贴、提高岗位补贴、补贴食宿等生活费用。制度层面上，在职称评审、岗位聘用、评优评先、干部选拔任用等方面对交流干部教师给予切实倾斜，并落到实处。对于需要住宿的干部教师，教育行政部门和接收学校要解决（见图5-13）。

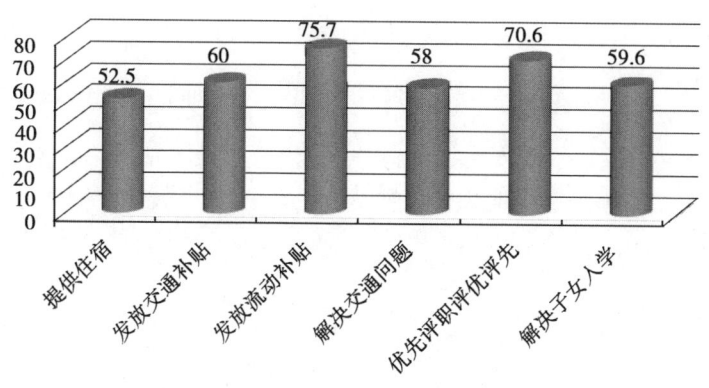

图5-13　教师期望的激励措施（%）

（四）实施过程管理，强化交流工作常规管理与考核

区（县）教育行政部门要制定详细的管理制度，确保交流工作有章可循，程序规范，尤其在学校层面，安排干部教师交流时，一定要做到依法、公平、公开，透明。明确各级教育行政部门、中小学校长和交流干部教师本人的职责。严格管理、考核，加强对中小学校、交流干部教师的考核，确保交流工作落到实处，收到实效。

（五）坚持制度协调创新

干部教师交流工作涉及面广，过程复杂，各级政府要协调教育、编制、人事、财政、组织等政府部门建立联动机制，坚持制度协调创新，解放思想，勇于探索，突破制约干部教师交流的体制机制障碍。如实行编制动态管理，及时调剂余缺；适时调整编制标准；统一城乡学校岗位等级比例结构，并适度向农村学校、薄弱学校倾斜。

（六）加强宣传力度，统一思想，提高认识

加强宣传力度，使各级政府及其教育、编制、人事、财政等政府部门、广大中小学校长、干部、教师，进一步加深对干部教师交流工作的深远意义与价值的理解，尤其是校长要树立战略眼光、全局观念和"大教育观念"，克服自身困难，为促进教育均衡发展做出贡献。

第六章 教师流动实践中遇到的
问题与困难

在现行城乡二元结构的宏观大背景下，在现行教育管理体制和教师管理体制下，全国各地在推动教师流动，均衡配置师资的实践探索中，遇到了诸多问题和困难。这些问题和困难，有的是宏观大环境的限制，有的是现行管理体制等正式制度的制约，有的是来自人们长期以来形成的观念、认识等非正式制度的阻碍，有的是来自各个政策利益相关者的抵制，有的则是来自客观现实中的困难。对这些问题和困难的梳理，并尝试剖析其产生的原因，有利于我们在进一步完善教师流动制度时，提前规避这些问题，减少改革的阻力，使得教师流动、均衡配置师资落到实处。

第一节 教师流动与正式制度的冲突

要真正实现教师合理有效的流动，必须实施教师人事制度改革，逐渐完成教师的人事关系收归县管，同时实行"同工同酬"的工资制度改革，并且给予偏远农村教师更多的物质补助。

一、教师流动与社会宏观制度的冲突

作为社会大系统的子系统之一，教育系统内的各种改革与

发展必然受到其他子系统的影响与制约。相应地，教育系统内的制度创新，必然或多或少地与教育系统之外的其他社会制度产生相互影响。教师流动制度受到以下一些社会制度的影响和制约。

（一）城乡二元户籍管理制度，制约着教师在城乡之间的流动

1958 年 1 月颁布的《中华人民共和国户口登记条例》，是新中国当代户籍制度的形成标志。《条例》以法律形式规范了全国的户口登记制度，规定了控制人口迁徙的两项基本制度——户口迁移的事先审批制度和凭证落户制度，目的是"既不能让城市劳动力盲目增加，也不能让农村劳动力盲目外流"。从而彻底改变了中华人民共和国成立以来人口自由迁移的政策法规，标志着当代中国城乡二元户籍管理制度的正式建立。❶人为地将我国公民分为"农村"和"城市"两个部分，事实上是以户籍制度为基础形成了两个在政治、经济和社会权利上有重大差别的社会等级。城乡二元户籍管理制度对中国城乡居民的生产生活影响全面、深远，与户籍制度捆绑在一起的是城乡居民在就业、医疗、教育、生活等方面享受到不同福利和权利，城乡俨如两个社会。进入新世纪，尽管各地户籍改革有所起步，不断放宽户口迁移、管理限制，但仍未从根本改变城乡二元格局，且城乡之间在各方面的差距有日益扩大之势。这种户籍制度阻碍了中小学教师的合理流动，是教师合理流动的巨大屏障，从而对缩小城乡教育发展水平构成了不可忽视的制度约束。

---

❶ 王海光. 城乡二元户籍制度的形成 [J]. 炎黄春秋，2011（12）：6-14.

（二）社会保障制度城乡二元分割，制约着教师在城乡之间的流动

社会保障制度是国家通过立法而制定的社会保险、救助、补贴等一系列制度的总称，是现代国家最重要的社会经济制度之一。其作用在于保障全社会成员基本生存与生活需求，特别是保障公民在年老、疾病、伤残、失业、生育、死亡、遭遇灾害、面临生活困难时的特殊需要。社会保障制度对于促进社会公平、保持社会稳定、满足基本需要、推动公民职业迁移具有重要意义。

"十一五"以来，我国社会保障制度建设发展较快，制度建设取得突破性进展，覆盖城乡居民的社会保障体系框架基本形成，保障水平较大幅度提高，社会保障管理服务体系初步建立。但城乡间、不同群体间社会保障待遇差距仍然较大，不同群体内部、群体之间相互攀比，成为影响社会稳定的因素。在很大程度上，个人的工资收入、福利待遇、社会保障等仍取决于所任职的行业和单位，"身份"仍显得非常重要。在教育领域，不同地域、不同学校的教师，其在工资收入、福利待遇、社会声望和地位、社会保障等方面差别明显。这种差距成为阻碍教师流动主要因素之一，尤其是城镇教师向农村流动、优质学校教师向薄弱学校流动。

二、教师流动与教师人事管理体制的冲突

教师在校际之间的交流轮岗与现行教师人事管理体制之间存在的主要矛盾表现在以下几个方面。

（一）教师流动制度与教师聘任合同制之间的冲突

教师聘任制下，教师人事聘用合同的双方主体是教师和用

人学校，二者是一种平等的劳动合同关系，聘任合同规定了双方的权利、义务、聘任期、纠纷解决方式等内容。若尚在聘任期内，强行将教师流动到其他学校，势必造成学校违约、违法，教师会拿起法律的武器维护自身的权益，造成诸多劳动纠纷。因此，可以说，教师流动政策势必导致学校违反教师聘任合同制的相关规定，造成法律纠纷。若强行通过行政手段让教师进行流动，是没有法律依据的。教师即使在教育系统内部流动，如果变动他/她和原来学校的人事关系，也是违反教师聘任合同的。

某区有一位女教师，在县城高中任教，与县城学校签的合同是 3 年，在满 2 年时，区教育局安排她到乡下学校支教，她认为这是违约行为。区教育局人事科回应说，这仅是教育系统内部的调节，合同期虽未满但并不能算违约。由于教师本人和她爱人都是学过法律的，坚持要讨个说法，该区教育局人事科长说："我知道，如果上法庭，我们肯定输。"另一个例子是，一所中学的老师不愿意参加流动，老师的理由是："我跟××中学签有合同，所以你（指区教育局）不应强行让我去农村支教。"

（二）教师流动与教师编制管理及编制标准之间的冲突

当前我国基础教育教职工编制标准是依据《国务院办公厅转发中央编办、教育部、财政部关于制定中小学教职工编制标准意见的通知》（国办发［2001］74 号）核定的。各地区依据国家标准分别制定了自己的编制标准。目前，该编制标准已经不适应基础教育改革和发展的需要，成为制约教育改革与发展的一个重要因素，编制标准急需调整。在现行中小学教师编制标准下，多数中小学教师数量偏紧，教师工作量满额，甚至出现一人多岗、超负荷工作的情况。在调研过程中，几乎所有的校长和教师都用"一个萝卜一个坑"来形容学校缺编的状况。在一些农村学校，虚超编和结构性缺编并存——在师资总量上是超编的，但缺乏一些学科的专任教师。

在编制紧张的情况下，无论是优质学校、普通学校，还是薄弱学校，在教师流动上都面临着编制的瓶颈。对优质学校来说，没有富余教师能够派出交流，薄弱学校也没有富余教师可以派到优质学校学习交流。即使经过协调派出了教师，其工作岗位由谁来顶替，对校长来说都是不小的难题。

调研中，某农村学校校长说："城镇的教师编制标准宽于农村教师的编制标准，教师编制紧张给教师交流带来困难。我们现在编制已经很紧张，再让我派出三五个教师去支教，我们学校就无法正常运转了"。另一位校长说："我们学校有一个非常优秀的音乐老师，去年进行了跨校交流，到一所薄弱学校教一个年级的音乐课，还带一个徒弟，已经是满工作量了。但是由于我们学校人员编制很紧，没有富余的音乐老师，她在跨校交流的同时，还要在我们学校每周上 10 节课。她要同时在两边兼课，太辛苦了。我不可能再让人家拿出那么多精力到另一所学校去跨校交流。"

（三）教师流动与学校岗位结构比例固定的冲突

2007 年以后，我国各级各类学校依据国家和各地方的岗位设置管理办法，逐步完成了岗位设置管理工作。在现行岗位设置管理体制下，各级各类学校的岗位总量，管理岗、专业技术岗、工勤技能岗之间的结构比例，各类岗位中高级岗位、中级岗位、初级岗位，及其内部等级的结构比例等，主管的教育行政部门都进行了相应的核定。也就是说，一个学校的岗位总量、结构比例等都是相对固定的。学校依据对教职工的评定，将其聘任到相应类别、相应等级的岗位上。随着学校的发展，教职工越来越多，各类各级岗位逐渐达到饱和。这种情况下，若参加流动的教师进入新的学校，人事关系也带过来，而新学校却不能将该教师聘任到对应等级或者高一级的岗位上，只能聘用到低一级岗位上，就会形成"高职低聘"现象。这既影响教师的工资收入，也会影响他们的工作积极性。若推行教师流动政策，岗位设置中的问题会给学校的管理和教师个人的发展带来诸多难题。

调研中，一位校长反映，他们县教师交流都带人事关系，在教师交流中就涉及岗位问题。他们学校中的高级岗位已经满了。如果从城里交流来的老师是中学高级教师，到他们学校，就只能聘为到低一级的岗位。如果是这样，他们怎么能对得起城里来的老师呢！

（四）教师流动与职称评定之间的冲突

带人事关系的教师流动，流动教师在哪里评定职称是个棘手的问题。

北京市的一位校长说："从城里到山区交流来的教师职称是否占用接收学校的指标是目前的主要问题。如果占用指标，原本山区指标就少，会对原校老师是一个冲击；如果不占指标，对于支教老师而言，进山支教，职称反而没评上，从情理上说不通。"一位中学数学女教师说："本来我是今年要评中高的，以我的成果，肯定能评上。但教委突然要求评高级职称的教师必须有 1 年农村工作经历，而我没有，没办法只能先去农村学校 1 年。而那些原来排在我后面的要评中高的老师今年就有希望了，而我只能延期，到时能否顺利评上还没把握呢。"

浙江省嘉善县的一位教师说，本来我们学校评职称已经很难了，拖了好几年，现在突然要求必须去农村学校任教 3 年才有评高一级职称，我就成为没有资格的了，又得延后 3 年；和我在农村学校当老师的同学相比，我都拖后了 6 年。

（五）教师流动与绩效工资制度之间的冲突

在现行教师薪资管理体制下，教师的工资、津贴等的发放是与岗位紧密联系在一起的，由国家财政依据教师职称、岗位统一、直接下发到教师的工资卡里。当下很多地方对山区教师、农村教师有一定的补贴，称之为山区补贴、农教补贴等；依据山区的边远程度，其岗位补贴会有所差异。若不带人事关系流动到山区或农村学校的教师，因人事关系还在原来城区学校，则不能享受山区补贴和农教补贴。这对参加交流的教师来说，一方面不公平，另一方面也必将大大挫伤他们参与流动工作的积极性。北京市延庆县为浅山区教师每月补贴 700 元，深山区每月补贴 1 000 元。延庆县城里的教师到山区学校支教，不转人事关系，即使在山区学校工作，也无法享受每月的山区补贴。

（六）教师流动与对流动教师的绩效考评、日常管理之间的冲突

对流动教师的日常管理与考核是不可或缺的，是流动政策取得实效的重要保障，但是流动教师的日常管理与考核存在两难现象。对于流入的教师，因其人事关系、工资关系等不在本校，很多学校领导不知道如何管理和约束这些教师。参与流动的教师，其流动年限内的年度考核工作由哪个学校负责？原来的学校，还是接收的学校？在人事关系不动的流动情况下，若由原来学校考核，不太现实，毕竟教师在另外一所学校工作，

原学校对他的实际工作状态不了解，考核很有难度，也有失客观与公正。若由接收学校考核，校方很可能会碍于情面，使考核流于形式，毕竟教师的人事关系不在接收学校。在日常管理上也存在类似问题。调研中，有的校长反映，支教来的教师都是客人，我们不好管理。派来的老师有的确实是骨干，而有的则不是，还有的老师身体有问题，我还得派自己的老师看护着他。有的老师路途遥远，周一和周五都不能排课，只能排三天的课，中间还要外出学习。某位参与过流动的农村教师曾这样说，本来流动的时间就很短，去了还要熟悉环境，对对方学校老师和学生的情况都要慢慢掌握；人家学校对我们的情况也不了解不放心，基本不给我们排课，更别提什么考评了，最多应付两下，做做样子就回了。

第二节　教师流动与非正式制度的冲突

非正式制度是指人们在长期生活中逐步形成的价值观念、伦理道德、生活习俗等。一个新制度的嵌入，除了会与正式制度发生冲突之外，上述非正式制度也在影响着新制度；其影响程度或强或弱，表现形式不一。教师流动制度受到诸多非正式制度的制约，或与诸多非正式制度发生着冲突。

一、社会诚信危机阻碍着教师流动

近些年来，社会诚信的缺失越来越为社会公众所诟病。在市场经济条件下，诚信是立人立业立国之本。社会诚信包括政府诚信、组织诚信和个人诚信。政府诚信是整个社会诚信体系的核心和基础，政府诚信是最大的诚信。❶ 贪污腐败、空头支票、虚报浮夸、谎报政绩、地方保护主义、设租寻租等一系列政府的不当行为导致政府诚信度降低，越来越受到公众的诟病而不被信任。各级各类组织的诚信，社会个人的诚信也越发受到人们的质疑。在这种诚信缺失的氛围中，教师可能会担心流动政策中规定的流动期限、流动结束之后的身份归属、政府为确保教师流动而采取的一系列保障、激励措施等无法兑现。这种对于政府公信力的质疑必然会在一定程度上影响教师对于教师流动制度的认同与参与。❷ 因此，这一社会心理现象作为非正式制度的一种形式，阻碍了教师参加流动的积极性。

二、教师流动与师资"静态"管理的冲突

我国中小学全面实施教师聘任制以来，广大中小学教师与所在中小学校形成了平等的合同法律关系，双方在自由平等的基础上双向选择，由此打破了计划经济体制下的教师任命制、终身制和"铁饭碗"。这为教师流动、拒签、重新选择学校等奠定了良好基础，也为学校能够建立能上能下、能进能退、充满生机与活力的师资队伍奠定了人事制度基础。尽管如此，师资动态管理的文化和状态并未真正形成，社会各界和中小学教师仍然认为教师职业"稳定""有保障"；教师并未真正流动起来，"铁饭碗"未被真正打破。教师流动与这一社会认知具有一定的冲突，而冲突必然对教师流动带来阻力。

---

❶ 娄鹏. 政府诚信——社会诚信体系的核心 [J]. 中共贵州省委党校学报，2006（1）：41－42.

❷ 陈坚，陈阳. 我国城乡教师流动失衡的制度分析 [J]. 教育发展研究，2008（3－4）：37.

三、社会习俗和偏见等影响着教师流动

社会公众和广大中小学教师对教师流动存在一些偏见和错误认识，这在一定程度上制约着城乡教师的合理流动。受"人往高处走，水往低处流"观念的影响，公众，包括中小学教师，普遍认为教师从农村学校流向城镇学校、从薄弱学校流向优质学校、从贫困地区流向发达地区等是"越混越好"，是能力强的表现，是社会地位和经济待遇逐步提高的表现。反过来，则是越混越差的表现。有人认为，教师流动制度就是把教师送回到改革开放前政府统包的时代，干涉教师的个人自由和人权。在一些学生家长看来，教师流动是一种"不安分"的职业表现，打破了过去对教师职业"稳定""受社会尊敬"的认识，而且将迫使学生不断重新适应新任教师的教学方式、方法，这会影响学生成绩的提高。

四、部分教师安于现状，事业心淡薄的思想消解着教师流动政策的实效

受各种不良社会观念的影响，部分中小学教师在师德上缺乏高尚的追求目标，认为师德是老调重弹。在事业上缺乏积极的进取精神，发展目标模糊，在日常工作中得过且过。一些教师往往只是一味地追求个人利益，而忽视应该具有的道德义务和奉献精神。一旦这样的教师参加流动，到新的学校任教，很可能在新学校新岗位上消极怠工，熬日子、磨时间，承担不起支援农村教育、薄弱学校教育的教师流动政策目标，从而导致教师流动政策流于形式。

五、一些教师缺乏教育公平的价值关怀和奉献精神

相当一部分公众和中小学教师缺乏教育公平的价值关怀，只关心自己的个人利益和团体利益。还有一些公众和教师认为，社会乃至教育和学校就应该有三六九等之分，农村学校、薄弱学校就应该"垫底"。他们在工作中不思奉献，只追逐个体利益。尤其是城镇学校、优质学校的部分教师，排斥流动，反对将自己流动到偏远地区学校、农村学校和薄弱学校。在这种状况下，教师的制度化流动很难获得教师特别是城市教师的认同和支持。❶

六、教师的生活习惯、习俗也在一定程度上制约着城乡教师流动制度的建设

中国是一个伦理传统深厚的国度，家的概念深入到人们生活的每一个角落，支配着人们的行为。教师的流动往往以"家"为轴心，子女的教育、父母的赡养、夫妻异地工作等问题经常左右着教师的流动选择与行为。❷

第三节　教师流动中遇到的现实困难

教师流动制度作为一项制度创新，必然会对相关利益格局和利益关系进行重新调整和分配，从而导致各利益相关者主体

---

❶ 张天雪，朱智刚．非正式制度规约下的中小学教师流动实证分析——以桐庐县为例 [J]．浙江教育科学，2008（6）：40.

❷ 贾建国．新制度主义的视角：城乡教师合理流动的制度制约因素 [J]．现代教育管理，2009（11）：74-77.

在教师流动制度贯彻执行的过程中遇到各种各样的现实困难。教师流动制度所涉及的利益相关者有作为制度对象的教师、作为制度对象和执行者的校长、作为制度效果最终体现载体的学生和家长、作为制度制定者的教育行政部门官员。

一、教师层面遇到的现实困难

作为教师流动制度调节对象的中小学教师，其受到的影响是首当其冲的，其遇到的现实困难也最为突出和明显。

调研发现，除了有晋升需求的老师，很少有骨干教师会主动申请参加流动。在名校、示范学校、城区学校，教师的社会地位高、工作条件好、待遇高，生源质量高，教学容易出成绩；在进修、在职读研、出国考察等方面有更好的发展机会，子女入学也有优惠条件等。而这些条件是薄弱学校、农村学校教师所不具备的。再加上路途遥远、条件艰苦、家庭情况等因素，好学校的教师不愿意到工作条件差的学校去任教。即使在将流动与评优评职挂钩的情况下，也有部分教师宁愿不评高一级职称，也不愿意流动到薄弱校、农村校和山区校去。

(一) 流动教师的交通与住宿问题

交通是参与流动的教师遇到的首要问题，尤其是从城镇学校流动到农村学校、山区学校的教师。我国地域辽阔，人口众多，学校布局分散。在有些县，尤其是新疆、内蒙古、西藏等省区的，一些农村学校距离县城动辄上百公里，甚至数百公里，路途遥远，交通不便，这给教师流动带来了很大困难。若没有提供住宿等条件，参加流动的教师就必须要天天往返于农村学校和县城之间，耗费大量的时间、精力，以及交通费用。这必然影响教师的工作热情和积极性，进而影响其在农村学校的教育教学质量。

在流动教师的住宿问题上，若接收学校没有条件解决住宿，参加流动的教师就只能天天疲于奔波。即使能够解决住宿，给流动教师提供宿舍，但一般来说条件较差，尤其是一些偏远农村学校和山区学校，宿舍条件非常简陋，房间内没有暖气、没有卫生间，洗漱极为不便。这对于来自城市学校的教师来说，几乎是无法忍受的。北京市一位女教师说，农村学校的教师宿舍是平房，女老师冬天夜里上厕所可能得走出 30 米、50 米，甚至更远，天气非常寒冷，极易感冒。如何解决支教老师的住宿看似是小问题，实际是大问题。一位深山区学校的校长说，即使派出优秀教师也有一个适应的过程，像我们这样的深山区，老师一周才能回家一次；我们好多年轻老师很想家，因为家都在山外，回家要花费很长时间，尤其是有孩子的年轻的家长。这是一个很突出的问题。

（二）家庭困难问题

参与流动的教师一般为骨干教师，都面临着"上有老，下有小"的家庭状况。一旦被派到较远的学校工作，路途遥远，不可能天天回家，只能每周末回家一次，这就难以照顾家中老人的生活和孩子的学业。而这种"周末夫妻"式的生活也很有可能影响夫妻双方的感情，影响家庭稳定。派出学校校长反映，我们派出去的老师都是中青年教师，因为中青年教师教学经验比较丰富，有自己独特的教育教学内容，可以影响到其他的老师们；但中青年教师有生活困难，上有老人下有小孩需要照顾。一位支教教师说："跟我一起来交流的一个女老师，一年以后离婚了。当时学校让她去交流，因为她还没有小孩，挺高兴地来这儿支教了。她爱人天天独自在家上网聊天，逐渐发展为婚外恋，等她支教回去后就跟她离婚了，现在这位老师还是独身。"

（三）教师在新环境下的工作适应性问题

城乡之间、校际之间存在差异，学校间的校园文化、教研文化、生源质量、社会资本、家长文化等也都存在较大差异。新到一所学校，流动的教师在短期内难以适应学校的一切，至少需要半年的磨合时间才能适应新的环境，逐步融入学校的文化之中。教师和新领导之间、新同事之间，尤其是和新学生之间，都需要较长时间的磨合和相互适应。若流动时间为1年的话，仅仅适应过程可能就需要半年，那么真正发挥作用的只有半年时间。在调研中，很多校长和参加交流的老师都一致认为，1年的流动时间过于短暂，并不能起到实质作用，并建议延长至2~3年。某山区学校校长说，城区的老师，即使是非重点学校的老师，也都是教着530分以上的学生，到这里来之后，两个月都不适应，他不适应学生，学生不适应他，短时间内教不了，这个跨度太大。

（四）教师专业可持续发展受影响

参与流动的教师的可持续发展也同样可能受阻。参与流动的教师在薄弱学校或者农村校工作，由于生源质量、学校文化、资源和各种进修学习机会等各种因素，其专业发展可能停滞，甚至倒退；流动结束回到原学校时，很可能已经难以胜任原学校的教育教学工作，或者难以再评上高一级职称。年长一些的骨干教师因其自身素质过硬，适应性强，受到的影响较小。而年轻教师受到的不良影响最大。还存在一种情况：流动的教师在薄弱学校支教学科与原来所教学科不对口，这种现象更是会导致这些教师的专业可持续发展受影响。某示范中学曾和远郊区县的一所薄弱学校手拉手，派出了一位英语骨干教师去支教，为期两年。两年之后，当这位骨干教师回到原来中学，发现自己已经落伍了，难以适应原学校的工作节奏，难以满足学生的学习要求。几经调整，仍然无法解决，只得转为行政管理岗。

另一位城区学校的教师反映，他是从城区来郊区支教的教师，多年来一直是市骨干教师，但是今年他不能再评了，因为他忙于支教，无法回原来学校参加继教学分培训。而市里规定，三年之内骨干教师必须参加半年继教学分培训班。但相关部门坚决不给他颁发继续教育证书——没有证书，就无法评骨干，这是支教工作给他带来的无法弥补的损失。一美术教师说，她是教美术的，小学普遍缺美术老师，她以为交流到农村学校可以发挥特长，一展身手，没想到那个学校根本没让她上课，只让她当班主任。她作为小学科老师，从没当过班主任，这真是难为她，她的专业特长根本没有得到发挥。

二、学校层面遇到的现实困难

在教师流动制度中，广大中小学校及其校长居于教育行政部门和教师之间，既是教师流动政策的执行者和管理者，也是教师流动政策的对象。学校和校长对教师流动制度的认识、态度和行为，直接影响着教师流动制度、政策的实施效果。在教师流动制度执行的过程中，学校和校长遇到一系列的管理困难，在行为上呈现出一定的特点。

（一）优质学校参与流动的动力不足

在调研中，部分城区学校、示范学校的校长和副校长对教师流动制度持保留意见，具有一定的消极看法，落实教师流动制度和政策的态度不够积极。优质学校参与教师流动的积极性不足，原因主要表现为以下几点。

首先，在认识上，很多优质学校的校长存在本位主义，没有树立大教育观。教师流动政策的出台，直接目的是促进教育均衡发展，而根本宗旨是保障全社会的公平正义。而有些名校凡事仅从自己学校发展的角度考虑，有利于自己学校的事情就支持，反之就反对。其次，在教师流动中，优质学校是优质师资的输出者，除了存在上述所言编制紧张等问题外，在短期内，名校优秀教师的外流会起到稀释学校优质师资的作用，会在一定程度上影响优质学校的教育教学工作。所以名校对教师流动政策的认可度较低。优质学校的校长还有一个担心，那就是较大比例的流动可能会影响学校文化建设，对学校的长远发展带来负面影响。

城区某优质学校校长认为，派出自己学校的骨干教师参加流动，有几个方面的担心：一是若派出特级教师、学科教学带头人、教研组长等骨干教师，会影响自己学校的工作，加大其他老师的工作量；二是派这些骨干教师到薄弱学校工作，薄弱学校的消极文化不利于他们的持续成长；三是学校编制紧张，派不出老师。因此，推进教师流动，一定要慎重。另一位优质学校的校长说，他们学校市骨干名额非常少，且这些老师也都是在超负荷的工作，再让老师交流，从学校这里，首先从校长这里，肯定是不会特别赞同的。对于一般学校来讲，这个问题都会有很大阻力。

（二）普通学校、薄弱学校对教师流动存有一定的疑虑

在双向交流中，薄弱学校一方面非常欢迎名校的骨干教师

到本校上课、带教师成长，另一方面却不大情愿自己的骨干教师到名校学习。这是因为这些教师在学校中是中流砥柱，不能轻易离岗，同时也担心自己的骨干教师被名校挖过去，造成本校的骨干教师流失。

优秀教师流动到薄弱学校或农村学校，其工作角色的定位和工作内容的安排至关重要。基于流动政策的目的，优秀教师流动到薄弱学校，应该发挥指导、引领师资发展的作用，应该把主要精力放在辅导薄弱学校、农村学校的师资业务水平的提高上，带教研组、指导青年教师。而现实中，很多农村学校却让流动来的骨干教师顶岗上课，课时较满，不能充分发挥骨干教师的引领、辐射作用。薄弱学校或农村学校担心由于学校自身条件的限制会在骨干教师的使用上导致优质教师资源的浪费。薄弱学校的校长担心，流动过来的老师各方面待遇都远高于本校教师，这会对长期扎根于农村的薄弱学校的教师造成负面影响，在心理上产生不平衡。同时，农村、薄弱学校的教师交流到优质学校，感受到优质学校的优越条件，也会产生心理不平衡，从而影响教师的稳定。

（三）流动比例过大给学校管理带来问题

教师队伍较大比例地流进流出，不仅给学校的日常管理带来较大难度，而且会使学校的师资队伍建设缺乏长远规划，校长培养师资队伍的积极性大大降低。从长远来看，会影响学校的校园文化建设，缺乏积淀，难以形成办学特色。

一位校长认为，一个学校的交流教师比例不易过高。以他们学校为例，目前为止，学校交流出去的教师 36 人，交流进来的教师 32 人，约占学校教学一线教师的 45%。对新来教师的管理，学校感到很困难。某县教育局领导认为，交流对象应该是市区级骨干教师和有潜力的教师。流动一开始的时候，比例不要太大，建议开始以 5% 以内，逐渐地增加。这有利于学校教师队伍的培养。要不然，学校校长就没有培养骨干教师的积极性了。如果骨干教师变成大家的，谁还愿意花费大量的人财物进行培养。

（四）教师频繁流动给学校文化的传承带来影响

教师频繁流动，可能会对学校的文化带来不良冲击。学校文化的形成，需要较长时间的积淀。教师既是学校文化的创造者，也是学校文化的承载者、延续者。若教师大比例、频繁地流出流入，势必造成这些新旧"文化细胞"的短时间内流出流入，冲击学校文化的整体性、稳定性。长此下去，学校文化很可能消失殆尽，成为没有文化、没有生气与活力的"流水线工厂"。某示范校校长认为，教师流动不利于形成办学特色，办学特色的形成需要一定历史时期的积淀。

三、学生对新教师的适应问题

除了教师适应学生之外，还存在学生适应新教师的问题。若学段中途更换教师，学生在心理上对新教师的接纳程度、接纳时间的长短，对新教师管理风格、教法的适应以及自己学习方法的调整等都是必须考虑的问题。若教师和学生双方磨合不当或者时间过长，都将影响教育教学效果，影响师生关系，影响学生的成长和学习成绩。一位小学老师说，老师教得好，学生喜欢，如果突然流动到别的学校去了，学生肯定很舍不得，也适应不了新来的老师；如果新来的老师教得不好，班级就会比较乱，这样对孩子也不好。

四、家长层面的忧虑

在"双向流动"情况下，当薄弱学校或者农村学校的教师流动到优质学校时，一是难以适应面对优质生源的教育教学工作，难以走向讲台；二是学生家长也难以接受他们走上讲台，尤其是优质学校的家长难以接纳薄弱学校的教师为自己的孩子上课。同时，优质学校的骨干教师流出时，学生家长也不同意。

北京市 A 中学是一所优质校，和作为薄弱学校的 B 中学是"手拉手"关系，双方双向交流师资，拟共同提高。但当 B 中学的教师走向 A 中学的讲台时，学生们不接受，家长也不同意，被家长赶下了讲台。北京市某知名中学的某学生家长说，薄弱学校教师来教我的孩子，我不同意，这绝对影响教学质量；他们应该单独培训，或者跟着听课，但是绝对不能教我的孩子；流动不能削峰填谷，拿孩子当试验品，我不同意。四川省成都市某城区优质学校的一位家长说，我们费了很大劲儿让孩子进入这所学校，就是看中了该学校的教师好，教学质量高；如果把好教师都流动走了，我们的孩子怎么办？我们肯定不答应。

任何教育制度的变革，不论是宏观的还是微观的，最终都要落实到或作用于学生身上。作为学生监护人的家长，始终是学生利益的直接代言人。所以，在教育制度的改革过程中，学生及其家长作为利益相关者，必然会为他们的利益而"斗争"。教师特别是优质师资是保证学校教育教学质量最为关键的因素，所以每个学生及其家长都希望能够获得或享有优质的教师资源。教师流动制度的创建与实施意味着教师资源尤其是优质教师资源不再为某些学校的学生所"独自享有",而是为县域内(甚至更大范围内)所有学校的每个学生所"共享"。当前,我国教师流动制度的一个主要目标就是要实现城镇学校和优质学校的教师资源特别是优质教师资源"向下流动",与农村学校和弱势学校形成共享。在这种状况下,城镇学校和优质学校的学生将不能够再(像教师流动制度实施之前一样)独自享有优质师资,而必须与农村学校和薄弱学校的学生分享,其结果必然会使城镇学生及其家长产生"相对剥夺感"——他们多年已经形成的优越感会被大大削减,而且还会担心自己(或孩子)的前途受到影响。总之,教师流动制度的创建会在一定程度上遭到城镇学校和优质学校的学生及其家长的抵制,从而产生利益冲突并形成对制度改革的阻力。

五、教育行政部门层面遇到的困难

教师流动制度是由中央政府强制推行的,各级地方政府(主要是县级政府)根据本地实际情况来制定具体的规则并负责推行和实施。首先,中央政府推行教师流动制度的初衷是希望推进教育的均衡发展,但是在"应试教育"没有发生根本性改变的情况下,考核地方教育部门工作政绩的主要指标实际上仍然是升学率,而升学率的重要支撑往往来自城镇学校和优质学校。在这种背景下,如果城镇学校和优质学校教师"向下流动"影响到他们所在学校的升学率,地方教育部门就可能会反对或并不真正支持教师流动制度的创建,以保证其政绩不受到影响。其次,作为推行教师流动制度的政府公务员同样也有着自己的私人利益,最直接的一点就是他们作为父母,同样会考虑到教师流动制度对自己子女受教育状况的影响(一般来讲,官员的子女都在城镇学校或优质学校上学）。一旦教师流动制度影响到他们的既得利益，他们就可能会采取一定的方式进行抵制或消极应对，从而导致"公共利益"和"私人利益"之间的冲突，进而会影响到教师流动制度的有效实施。

第七章　构建促进县域义务教育均衡发展的教师流动制度

教师流动制度或政策的基本价值取向是促进义务教育均衡发展，实现教育公平。价值取向决定着教师流动制度的基本目标、主要内容。在"县管校用"机制下，需要科学、合理地界定教师流动制度的基本要素，如流动对象、流动比例、流动范围等内容。同时，教师流动制度需要一系列配套制度和保障措施。

第一节　教师流动政策的价值选择

教育政策的价值取向是教育政策的不同主体基于各自的价值观在面对或处理教育政策涉及的各种关系、矛盾或冲突时各自所持的基本价值立场、价值态度以及所表现出来的基本价值倾向和特定的价值方向的表达与整合。它的突出作用是决定、支配主体的价值选择，因而教育政策价值取向的合理与否对主体自身、主体间关系乃至其他主体均有重大影响。引导、促进主体确立合理的价值取向具有长远的战略意义，解构、消除不合理的价值取向是一种治本之策。❶ 因此，合理确定教师流动政策的价值取向，直接决定着政策目标、政策内容、政策执行

---

❶　孙绵涛. 教育政策学 [M]. 北京：中国人民大学出版社，2010：35.

以及政策效果。

教育均衡发展，尤其是义务教育均衡发展，已经成为我国基础教育发展的战略任务和战略目标之一，通过教育均衡发展实现教育公平，进而最终实现社会公平的价值旨归。从教育均衡的战略目标来看，首先要实现区域内校际之间的均衡；其次要实现区域之间教育均衡；最后实现城乡之间教育均衡。从学界观点和各级教育行政部门的政策实践来看，促进教师流动是逐步实现义务教育均衡发展的主要手段之一。

同时，综观各省市出台的教师流动政策文本和相关学者的研究成果，可以发现，教师流动政策的直接目标是师资均衡配置，更准确地说是通过对义务教育师资存量的二次配置（主要由城镇学校、优质学校向农村学校、薄弱学校调配师资），力求师资在城乡学校之间、优质与薄弱学校之间的均衡配置；通过提高师资水平，提升农村学校、薄弱学校的教育质量，缩小差距，"保峰填谷"，进而促进义务教育的优质均衡发展。政策目标背后的价值取向是教育公平，以及以教育公平为基石的社会公平。

因此，我们认为，通过优化师资配置，提升薄弱学校、农村学校的师资水平和教育教学质量，促进义务教育均衡发展，实现教育公平，是教师流动政策的根本价值取向。

同时，也应该对教师流动政策的价值限度有清醒的认识。师资水平是决定教育质量的关键要素，义务教育师资的配置情况，也在很大程度上决定义务教育的均衡发展情况。但我们更清楚，师资水平及配置情况不是决定义务教育均衡发展的唯一要素。城乡二元社会的现实，城乡学校之间硬件的配置差异，学校领导班子的管理理念与经验之间、教师的教育教学理念之间等的软件方面的差异，都是影响城乡义务教育均衡发展的重要因素。若仅仅依靠教师流动政策，而试图实现义务教育均衡发展和教育公平，是不现实的。因此，在坚持推进教师流动的同时，更应该多管齐下，促进城乡教育一体化均衡发展。

第二节 义务教育教师"县管校用"机制

一、义务教育教师"县管校用"产生的背景

（一）宏观背景：义务教育均衡发展的战略任务

1986 年，我国颁布《义务教育法》。截至 2011 年，随着西藏、四川、青海、甘肃四省区通过"两基"国检，我国所有县级单位均普及了义务教育。我国用 25 年全面普及了城乡免费义务教育，实现了适龄儿童"有学上"的目标。义务教育全面普及后，区域之间、城乡之间、校际之间办学水平和教育质量的差距凸显出来。随着社会生活水平的提高，人们追求社会公平、接受优质教育的需求也与日俱增，这与我国当前优质教育资源不足、发展不平衡的现状相互矛盾。推进义务教育均衡发展，保障所有适龄儿童接受公平而有质量的义务教育成为新时期义务教育发展的战略任务和战略目标。

《国家中长期教育改革和发展规划纲要（2010～2020年)》明确提出，到 2020 年，基本实现区域内义务教育均衡发展，切实缩小校际差距，加快缩小城乡差距，努力缩小区域差距，建立健全义务教育学校教师和校长流动机制。为全面实现《教育规划纲要》提出的均衡发展目标，国务院出台了《关于深入推进义务教育均衡发展的意见》（国发［2012］48

号），对在新形势下推进义务教育均衡发展提出了明确要求和基本目标。

教育均衡发展，办学条件是基础，师资配置是关键。教师是教育事业发展的第一核心资源，教师质量的高低决定着教育事业发展的水平，师资均衡配置的水平也在一定程度上决定着教育均衡发展与否。因此，促进教师交流轮岗，均衡配置师资就成为促进义务教育均衡发展的重要举措。

（二）政策环境：国家层面的政策依据

"县管校用"，推动教师轮岗交流，均衡配置师资，具有良好的法律法规依据。无论是在法律层面、中央政策层面，还是教育部规章，都要求县级政府教育行政部门在本区域内统筹师资配置，促进义务教育均衡发展，同时也赋予了其相应的权力。

《中华人民共和国义务教育法》第三十二条规定："县级人民政府教育行政部门应当均衡配置本行政区域内学校师资力量，组织校长、教师的培训和流动，加强对薄弱学校的建设。"党的十八届三中全会通过的《中共中央关于全面深化改革若干重大问题的决定》对校长教师交流做出了决策部署，指出要"统筹城乡义务教育资源均衡配置，实行公办学校标准化建设和校长教师交流轮岗"。2014 年 8 月 13 日，教育部、财政部、人力资源和社会保障部联合颁发了《关于推进县（区）域内义务教育学校校长教师交流轮岗的意见》（教师［2014］号）。《意见》指出，要"全面推进义务教育教师队伍'县管校聘'管理改革。加强县（区）域内义务教育教师的统筹管理，推进'县管校聘'管理改革，打破教师交流轮岗的管理体制障碍。县级教育行政部门会同有关部门制定本县（区）域内教师岗位结构比例标准、公开招聘和聘用管理办法、培养培训计划、业绩考核和工资待遇方案，规范人事档案管理和退休管理服务。学校依法与教师签订聘用合同，负责教师的使用和日常管理。教师交流轮岗经历纳入其人事档案管理。"

（三）实践需求：教师交流轮岗与师资均衡配置遭遇人事管理体制性障碍是直接诱因

《教育部关于进一步推进义务教育均衡发展的若干意见》（教基〔2005〕9号）出台后，各地政府及教育行政部门积极探索，出台了多种举措来加强农村地区学校建设和师资队伍建设、支援农村教育。其中，促进教师交流轮岗是一个重要手段。

但各地在推动教师交流轮岗的政策实践中都遇到了诸多问题和困难。这些问题和困难包括经济待遇、物质条件方面，也包括教师管理体制方面。如在经济待遇、物质条件方面，城乡学校之间，优质学校与普通学校、薄弱学校之间存在较大差距，前者明显优于后者；在工作环境、生活条件方面，农村明显不如县镇，县镇不如城区；教师流动过程中的交通与住宿不便。这些显著差距使得城镇学校、优质学校的教师不愿意流动到农村学校、薄弱学校任教。在教师管理体制方面，教师编制标准不合理，编制管理僵化，多数学校教师"一个萝卜一个坑"，无法派出教师进行交流轮岗。教师的编制属于学校，身份属于学校，是与学校签订的聘用合同，教师是"校管校用"，因此，无论是刚性流动（人走关系走），还是柔性流动（人走关系留），教师面临着身份不确定、缺乏归属感。学校面临着司法纠纷，对流动教师的日常管理存在两难的局面。这就使得学校"不能"选派教师参加交流轮岗，教师"不敢"参加交流轮岗。

上述问题和困难，都与现行教师人事管理体制密切相关，或者说是现行教师人事管理体制造成的。若教师的人事关系不理顺、编制标准不统一、岗位结构比例不一致、工资待遇不统一，推动教师交流轮岗，均衡配置师资便无从谈起。这必然催生"县管校用"，推进了"县管校用"教师管理体制改革的步伐。

二、"县管校用"管理体制的基本内涵与内容

(一)"县管校用"管理体制的基本内涵

"县管校用"制度将教师的人事编制关系从学校剥离出来，实行教师无校籍管理，统一由区县一级教育行政部门或者其下属某一管理机构（事业单位性质）管理，使教师的身份由"单位（学校）人"变为"（教育）系统人"，编制由"单位（学校）所有"变为"（教育）系统所有"。"县管校用"制度是对现行教师管理体制的一种改革与创新，教师的个人编制、身份管理与岗位使用相对分离，理顺了教师、教育行政部门、教师管理机构、学校等之间的权限关系，有利于教育行政部门在本区域范围内统一管理、统一调配师资，促进师资均衡配置，从而促进义务教育均衡发展。

(二)"县管校用"管理体制的基本内容

成都市、福建省是国内较早进行"县管校用"制度改革探索的地区，积累了宝贵经验。本文即以成都市改革试点为例说明"县管校用"管理体制的基本内容。

早在2007年，成都市为破解教师均衡配置的体制难题，在其下辖青羊、温江、双流、郫县四个区县先行试点教师管理体制改革，积极探索建立"县管校用"的管理体制，试图打破学校对教师的"一校所有制"，理顺教育行政部门、教职工管理服务中心、学校与教职工的关系，实现教职工由"单位人"向"系统人"的

彻底转变，从而更好地实现了政校分离、管办分离、聘用分离，推进了教师交流。2012 年，在总结试点经验的基础上，成都市将这一个制度向全市推广，出台了《成都市教育局　中共成都市委机构编制委员会办公室　成都市人力资源和社会保障局关于印发〈关于推进教师"县管校用"工作的意见〉的通知》（成教育发〔2012〕12 号）。其基本内容和权责划分如下。

1."县管校用"管理体制的基本内容

（1）经区县编办同意，试点区县成立教职工管理服务中心，隶属于区县教育局。

（2）新招聘的教师与教职工管理服务中心签订聘用合同，其人事档案统一由教师管理服务中心管理。在职教师的人事档案关系也陆续转到教师管理服务中心。教育规模较大的县，可以实行学区化管理，成立数个学区，或者每个乡镇为一个学区；每个学区成立教职工管理服务分中心，作为区县教职工管理服务中心的分支机构，负责本学区内教师人事管理和师资均衡配置。

（3）根据教职工管理服务中心的统筹安排和学校的需求，教师管理中心派遣教师到学校任教，并指导用人学校与教师签订岗位聘用合同。

2.各组织机构之间的权责划分

（1）编制部门工作职责。编制部门会同人社局和教育部门，依据学校教育发展、学生数量和结构变化等情况，以及中央和四川省的相关规定和标准，对教师编制进行核定和管理。

（2）人社部门工作职责。人社部门负责对教育事业单位岗位设置方案的审核，并根据教育部门提供的教师需求计划，负责本行政辖区内教师补充计划和方案的综合核定。

（3）教育部门工作职责。教育主管部门：负责本行政区域内优质师资均衡配置的综合规划和管理，及其他相关工作。教师管理服务机构：负责与教师建立聘用关系，实施对未聘教师的集中管理与培训，承办教师集中管理的事务性工作。学校：负责安排派遣到校教师的工作岗位，进行日常管理、使用和业务考核，发放奖励性绩效工资，及其他相关工作。[1]

三、"县管校用"管理体制的配套制度

任何一项制度都不是孤立运行的，同理，任何一项制度的改革和创新都离不开一系列其他相关制度安排的协调与配合。推进校长教师交流轮岗是一项综合性的教师人事制度改革。这项改革在横向上涉及教育、组织、编制、财政、人力资源社会保障等部门的工作职能的调整。在纵向上涉及教师人事管理的各个环节，包括编制标准与管理、岗位结构、职务职称、聘用管理、考核培训、薪酬待遇等多方面教师政策的调整；涉及校长选拔任用政策的调整，需要校长职级制改革、教师职务制度改革等多项改革的联动。"县管校用"制度的顺利运行，需要一系列其他制度的改革作为保障或前提。这些配套制度对"县管校用"制度起着至关重要的作用，在很大程度上可以说成为"县管校用"管理体制不可或缺的重要组成部分。

（一）实行宏观编制管理，统一教职工编制标准

目前，我国中小学教职工编制标准执行的仍然是（国办发［2001］74号）规定的标准。该标准是依据生、师比核算出来的，

---

[1]　成都市教育局中共成都市委机构编制委员会办公室成都市人力资源和社会保障局关于印发《关于推进教师"县管校用"工作的意见》的通知（成教育发［2012］12号）.

不仅编制过紧，且存在城乡倒挂现象，（生、师比）农村学校高于县镇学校、县镇学校高于城市学校。这不符合我们广大农村地域广阔、生源分散的特点，同时也造成了城乡中小学普遍存在编制紧张的局面。应该结合生师比、班师比重新核算教职工编制标准，确保城乡统一，并适当向农村、山区学校倾斜，同时，确定规模小的学校（教学点）的编制最低保障数。要改变直接干预学校、教师个人的微观编制管理，实行编制部门、人事部门把控编制标准和编制总量的宏观管理，将具体的管理权限移交给教育行政部门。

（二）统一教师工资待遇制度

完善公办义务教育学校教师工资财政统发机制，统一县域内义务教育学校教师工资制度和政策，统一县域内教师社会保险和住房公积金等待遇；落实义务教育学校教师绩效工资政策，除基础工资外，教育行政部门依据学校对教师的绩效考核结果，发放绩效工资部分。确保农村学校教师补贴的发放，并适当提供农村地区、山区学校教师的补贴标准；确保县域内农村教师工资待遇有一定的吸引力，能够起到激励县镇学校教师赴农村学校任教的作用。

（三）统一学校岗位结构比例

不同学校之间岗位比例结构的差异，严重阻碍着教师的流出流入；中高级岗位比例较高、较宽松的学校，其教师在岗位晋升方面更有优势和空间，必然不愿意流动到比例较低、指标紧张的学校。教育行政部门应该在人事部门核定的总体岗位结构内，通盘考虑教师队伍结构、现行岗位比例结构，制定出一个合理的学校内部岗位比例结构和标准，然后逐步统一县域内义务教育学校的岗位结构比例。在统一的过程中，学校之间可以互补余缺。有富余的学校可以通过校际交流、自然减员等方式，逐步达到规定的结构比例。岗位比例结构应该适当向农村学校、薄弱学校倾斜，可以预留一定的中、高级岗位，专项用于评聘交流教师，以鼓励教师参与交流、鼓励交流教师服务期满后留下继续从事农村教育工作。

（四）统一教师公开招考聘用制度

"县管校用"要求继续完善、全面推行中小学新任教师公开招聘制度，实行"国标、省考、县聘、校用"的教师职业准入和管理制度。县级机构编制部门会同教育、财政部门，每学年初以学校（教学点）为单位核定本县域内所属中小学教职工编制，审批确定本县域范围内所属中小学新进教师的用编数量。县教育行政部门统一组织本县域范围内义务教育中小学教师的招聘工作，面向社会、面向应届毕业生，多渠道发布用人需求，组织笔试、面试等工作的进行，签订人事聘用合同。根据学校的需求，派遣合格教师到学校任教，指导学校和教师签订岗位聘用合同。

（五）统一教师绩效考核办法和标准

县级教育行政部门负责制定本县域内义务教育教师绩效考核办法和考核标准，统一考核程序。由于用人权限属于学校，对教师的日常管理和绩效考核就应该由学校负责，县级教育行政部门负责监督，确保考核过程、结果的公平公正。同时，完善教师申诉机制，保障教师的合法权益不受侵害。

（六）建立健全教师退出机制，加强教师的培养培训

在科学的绩效考核、公平公正的评价基础上，逐步建立起教师退出机制。对不能胜任教学岗位需要的教师实行离岗培训，培

训后仍然不能适应岗位要求的，可实行调岗或另行安排工作。实行师德表现一票否决制。对有严重失德行为、影响恶劣者按有关规定予以严肃处理，直至撤销教师资格，剔除出教师队伍。

四、"县管校用"管理体制实施过程中遇到的问题

"县管校用"制度由于理顺了教育行政部门、学校和教师在人事管理上的权责关系，明确了教师的人事关系和岗位关系，打破了校际之间的藩篱，扫除了教师学校之间交流轮岗的体制障碍，使得教育行政部门在本县域范围内完善师资结构、均衡配置师资更加高效、顺畅。

（一）配套制度不完备，"校管校用"管理体制下，推动教师交流轮岗仍然举步维艰

作为一项崭新的制度创新，"县管校用"初步发挥了其制度优势，彰显出一定的实施效果。其制度效果的充分发挥，依赖于一系列相关配套制度的改革创新。这一系列配套保障制度的改革创新涉及教师人事管理的各个环节、方方面面，需要多部门联动配合。教师队伍的核编定编、学校各级岗位的比例结构、教师职务晋升、公开招聘制度、人事档案关系、工资待遇制度、激励补偿机制、绩效考评机制、监督机制等的改革创新仍然滞后于"县管校用"制度。在这些配套制度、保障措施到位之前，在"校管校用"制度下推动教师交流轮岗仍然举步维艰，困难重重。

（二）增加了教师人事管理的层级，降低了管理效率

县域内成立诸如教职工管理服务中心的管理机构，负责全县教职工的人事管理和师资调配。有的县实施学区化管理，各学区也成立了教职工管理服务中心分支机构。这明显增加了县级教育行政部门进行教师人事管理的管理机构和管理层级，必然会带来

组织管理、沟通协调等行政管理成本的上升，在一定程度上降低了行政管理的效率。

（三）挫伤了学校在师资培养上积极性

"校管校用"体制下，教师的编制和身份都属于某一所学校，是学校的人，学校有足够的动力为教师创造各种进修学习的机会，提升教师队伍质量。而教师一旦不再属于学校，归为教育系统，每隔几年就要流动到别的学校去，学校打造教师队伍的积极性必然受挫。师资队伍建设的重任更多地落在教师管理服务中心和教育行政部门的身上。

（四）对教师的心理带来冲击，归属感降低

长期以来，教师都是属于某个特定学校的，是学校的人，有着相对稳定的组织文化，有着较好的文化归属感和组织认同感。"县管校用"制度下，教师不再属于学校，每隔一定时间，就可能被调配到其他学校任教；可以预见，未来教师的整个职业生涯都将处于这种新的状态中。传统的生态被打破，势必会给教师的心理带来一定的冲击，稳定感、归属感不足在所难免。尤其是由城区学校、优质学校流动到农村学校、薄弱学校去的教师，其心理落差会更大。这不利于教师队伍建设和心理健康。

五、深化教师人事管理制度综合改革

以建立"县管校用"管理体制、推进教师交流轮岗为契机，深化教师人事管理制度综合改革。横向上，涉及教育行政部门与编制部门、人事部门之间对教师人事管理权限的调整。要进一步明确"县管"管什么，"校用"怎么用。"县管"不仅仅是教育行政部门在管，还包括代表县级政府行使管理职能的编制部门、人事部门、财政部门在管。县级编制部门、人事部门要改变过去直接管到校，直接管到每一位教师的人事管理办法，横向放权至教育行政部门，对教师人事关系实施宏观管理，从而改变教师人事管理的事、权分离，权、责相悖的情况。编办对本县域范围内的教职工编制进行宏观管理，定期与教育行政部门、人事部门核定中小学教职工编制规模，确定用人指标总量。人事部门与教育行政部门一起核定学校岗位比例结构和标准。教育行政部门负责本县域范围内师资调配、教师交流轮岗的规划和综合管理。减少教育行政部门在教师人事管理上的多部门、多框架束缚，扩大用人自主权，统筹教师资源，实现县级教育行政部门在编制标准和编制总量、岗位比例结构的总框架内，对教师编制、岗位设置、教师聘任、校际调配、考核等方面的统一管理。

纵向上，在教育系统内部，要明确教育行政部门、教师管理服务机构、学区、学校等机构对教师人事管理的权责划分，以及四者与教师之间的关系。教育行政部门或其下属教师管理服务机构负责教师的"身份"管理，承担教师人事档案管理、职称评定、工资待遇等工作，并对落聘的教师进行待岗培训；学校负责教师的"岗位"管理，承担教师的使用、校本培训、日常管理与绩效考评等。

第三节　教师流动制度的基本要素

"县管校用"制度将教师由"学校人"变为"系统人"，扫除了教师在校际之间流动的体制性障碍，有利于教育行政部门进一步完善教师流动制度，推动教师流动的实践工作，实现义务教育师资均衡配置。但"县管校用"制度并不等于教师流动制度，可以看作是教师流动制度的制度前提。作为具体的制度安排，教师流动制度有着自身的基本要素和内容。

在明确政策价值取向和政策目标的前提下，合理界定政策的基本要素是实现政策目标的必要条件。具体到教师流动制度而言，其基本要素应该包括实施对象、流动比例、流动范围、流动时限、流动性质等。

一、流动的对象为符合一定条件的全体在编中小学教师

符合一定条件的在编中小学教师都应该是流动的对象，如在同一学校连续任教满 6 年，同时年龄男在 55 岁以下、女在 50 岁以下。该条件的具体规定，县级教育行政部门可以根据本县义务教育师资队伍的现状，适度灵活。同时要给予人文关怀，明确规定哪些教师不适合参加流动或者延期参加流动，如身体健康状况不好的、处于孕产期的女教师、妻子处于孕产期的男教师、入职 3 年以内的新任教师等。

尽管流动的对象是符合一定条件的全体在编中小学教师，但应该适当注重"择优"原则，将各级各类骨干教师作为流动的主要对象。骨干教师一般都爱岗敬业，教育教学经验丰富，具有指导青年教师的经历和经验，适应能力强。他们流动到基础薄弱学校和农村学校，能更快地适应新环境，在短期内指导和引领新学校的教师成长，提升教学质量和学科建设水平。若普通教师参加流动，则没有这方面的优势。

骨干教师参加流动的比例非常重要。合理确定比例，既关系到政策目标的实现，也影响着派出学校的管理工作。比例定得过高，则必将给派出学校的教学工作带来困难，影响日常管理和学

校发展；比例过低，则流动政策的效果难以显现。

二、流动的比例，10% 左右

企业人力资源管理研究表明，若一个企业的人力资源流动率达到8%，将会影响企业的稳定，不利于企业发展。而学校是不同于企业的组织，其对师资队伍稳定性的要求更高。

学校的发展规律和教师专业成长的规律要求教师队伍必须具有一定的稳定性。学校文化的形成、优良师资队伍的打造，都需要相对较长的时间；一支相对稳定的师资队伍，是学校可持续发展的关键。教师专业发展也有其内在规律。若教师定期流动比例、频率过高，则直接威胁着学校的可持续发展和教师的专业成长；从学校的角度看，频繁、高比例的流动将会冲击学校现有校园文化，不利于办学特色的形成，长远上也不利于学校的可持续发展。合理确定流动的年限和参与流动的比例，非常重要。确定干部教师流动的数量和比例，必须兼顾切实发挥实效和尽量避免对派出学校教育教学质量带来不良冲击，在这两个方面寻找一个平衡点。我们认为，应该参加流动的教师占总人数的10%较为合适，最高不能超过15%。

三、流动的范围应该以县域内流动为主

按照初步实现县域内义务教育均衡发展的战略目标，应该首先促进教师在县域内流动，均衡配置师资。不同范围的流动，参与流动的教师面临的工作和生活困难是不同的，这些困难和问题直接影响着流动教师在接收学校的工作质量。在县域范围内推动教师流动，可以采取先近后远、先易后难的原则，可以先在学区、学片、教育链、联盟、教育集群内部校际之间流动，然后逐渐跨

学区流动,最终实现在整个县域范围内流动。有必要强调的是,必须要注重城镇学校、优质学校的教师向农村学校、薄弱学校的流动,加大扶持力度。同时实行双向流动,农村学校、薄弱学校的教师流动到城镇学校、优质学校进行交流学习。

四、流动的时限应该以 2~3 年为宜

流动时间的长短,影响到流动教师的工作积极性和政策目标的达成程度。应该根据学段年限、学科教学要求、流入学校的工作要求和骨干教师的任务安排,合理确定骨干教师的流动时间。合理确定流动时间,关系到教师流动政策的实效性。教师流动到新的学校,置身于新环境、新同事、新学生当中,需要一定时间的适应过程,这个过程短则几个月,长则可能半年到一年。若流动时间过短,如半年或者一年,流动教师可能刚适应新环境就要离开了;若时间过长,如 3 年以上,则会影响教师流动的积极性,以及身份认同。基于上述考虑,并结合小学和中学的学段要求,流动时间以 2~3 年为宜。小学 6 年,分为高中低 3 个年级段,每个年级段刚好 2 年。初中和高中都是 3 年,3 年刚好一个教学循环。

五、综合采取多种流动形式

已经建立了"县管校用"管理体制的地区,不存在教师人事关系变动的问题,可以由县级教育行政部门在全县范围内统筹各学科师资,然后进行直接调配。尚未建立"县管校用"制度的地区,建议以柔性流动为主,刚性流动为辅,参与流动的教师可以自主选择。灵活采取多种方式,分步骤推进教师流动,如先在学区(或者联盟、教育链、教育集团、教育集群等)内流动,再跨

学区流动，最后在县域范围内流动。

第四节　教师流动制度的配套保障措施

　　教师流动的制度创新是一项复杂性、系统性工程，涉及到对现行诸多体制、制度、政策的突破和创新。若这些配套改革不能到位，教师流动制度必将寸步难移、形同虚设。同样，一系列配套保障措施，作为教师流动正式制度的补充，也属于正式制度的范畴，对教师流动制度起着保驾护航的作用，能够有效克服正式制度安排的不足，并减少贯彻落实过程中的阻力和障碍。相关配套保障措施是教师流动制度的重要组成部分，在很大程度上决定着教师流动工作的顺利与否、成败得失。加快出台配套政策是进一步完善"县管校用"管理体制、推动政策顺利实施的必要条件。调查结果显示：73%的人认为配套政策的支持是确保"县管校用"政策顺利实施的主要因素之一。

一、建立健全教师流动工作的管理监督机制

（一）建立流动教师的管理与考核机制

　　县级教育行政部门要制定本县域范围内教师流动的管理与考核办法，明确管理主体、管理程序、考核办法。实施目标管理，加强过程监控，过程评价与结果评价相结合。

　　要明确校长在教师流动政策中的责任和义务。各级学校校长作为教师流动政策的利益相关者之一，其在政策执行过程中所扮演的角色非常重要。派出的教师是否过硬，是否合乎薄弱学校的需求，流动而来的骨干教师其工作安排是否能发挥其最大效用，对流动教师的管理与考核是否客观、公正，等等，都直接与双方

学校校长的态度高度相关，直接影响到教师流动政策的效果。因此，需要在教师流动政策中强化校长的责任和义务。

（二）建立健全教师流动工作的监督机制

教师人事关系收归县管，实施教师校际交流，教师的身份不再隶属于某一所学校，从招聘录用、合同签署到工资待遇的兑现、职称的评定、岗位的升降，再到绩效评估等，每一个环节都发生了变化。这涉及每一位中小学教师的切身利益，给广大教师带来了心理上的冲击和不安。问卷调查中显示，68%的教师表示对政策实施过程中的公平问题表示担忧，76%的社会人士认为公开透明、公平公正，是确保"县管校用"、教师流动政策顺利实施的最关键因素。❶ 因此，应该建立起由政府部门、学校、教师、社会人士多方参与的监督机制，严格监督"县管校用"、教师交流轮岗推进过程中的每一个环节，确保公开、公平、公正，保障广大教师、中小学学校的合法权益。

二、建立健全流动教师的激励保障机制

（一）建立流动教师的激励补偿和奖惩机制

以人为本，是科学发展观的核心内容，是衡量我国各项事业和政策的一个重要标尺。教师流动，打破了现行中小学学校、教师群体的利益格局，要求城镇学校、优质学校及其教师从大局出发，发扬奉献精神，克服畏难情绪，为城乡均衡发展做出贡献。因此，各级政府和部门，尤其是县级政府及其教育行政部门，要充分考虑到流动教师和学校面临的现实困难，发扬人文关怀，通

---

❶ 张成芳，阳德华. 农村贫困地区中小学教师流失问题探索 [J]. 理论观察，2006（2）.

过多种途径和方式，给予适当的激励和补偿。

教师"县管校用"、交流轮岗制度的实施，必将改变现行的教师激励机制，建立新的激励机制势在必行。同时，该项制度打破了广大教师现在的工作和生活节奏，带来了新的心理不适感，也给参加交流轮岗教师的工作、生活带来了诸多不便，应该按照科学发展观的精神，发扬人文关怀，建立起相应的激励补偿机制。在职称评聘、岗位津贴、评奖评优、培养培训等方面给予参加交流轮岗的教师以优惠政策，尤其是流动到农村地区、边远山区学校的教师，更应该提高岗位补贴额度。同时，对无特殊情况不服从调配安排或在交流期间表现较差的教师，按照相关规定，依法给予相应惩罚。

（二）设立教师流动专项资金，提高农村、山区教师补贴

教育行政部门应投入专项资金，并多渠道吸引民间资金，建立如"首都中小学教师流动发展资金"；集企业、社会、家长、政府等多方力量，为教师合理流动创设强有力的条件基础，也为教师队伍的稳定提供有力的物质保障，鼓励教师向薄弱学校流动，形成教育的均衡发展。

教师流动发展资金专用于对流动到边远农村学校、山区学校、薄弱学校的教师进行工资之外的经济补偿，以补贴的形式给予高强度经济激励，这样会有利于调动教师流向条件艰苦地区和学校的积极性，促进校际间师资更快地均衡发展。为此，可以按学校的地理位置、生活条件、交通条件、卫生医疗条件、邮电通信条件和工作环境等因素，确定若干类别，分别按教师职务工资和津贴部分之和的一定比例发放给在条件艰苦环境下工作的教师，特别是在偏远农村地区学校任教的教师和城区薄弱学校的教师（具体标准由各地制定）。调出农村和薄弱学校后，工资和津贴上浮的

部分自然取消。这样，在同一区域内"同级同工"教师的工资和津贴之和由高到低的顺序就是：最偏远、条件最差的学校→乡镇中小学、条件较差的学校→城郊学校、城区薄弱学校→普通学校→重点、示范学校。

（三）加快周转房建设，解决住宿和交通问题

教师交流到距离较远的农村学校，尤其是边远山区学校，必然面临着交通和住宿问题。交通方面，有条件的地区可以开通通勤班车，也可以采取给交流轮岗的教师发放交通补贴的方式。住宿方面，需要县级政府投入专项资金，加快教师周转房建设和相关配套设施，为交流轮岗教师提供舒适的住宿环境，使他们能够安心工作，积极发挥引领和辐射作用，提升农村学校、薄弱学校的办学质量。

（四）建立流动教师持续专业发展机制

教育行政部门和学校要关注参与流动的骨干教师的专业发展，在流动期限内，为他们提供一定学时的进修、培训等学习机会，以免其专业发展停滞或受阻。派出学校要持续关注他们在接收学校的工作和发展情况，为其提供参加课题研讨、教研活动等机会。流动期满后，要首先对他们进行一定期限的培训学习，之后再回到原来的学校或者自主择业。

三、加大宣传力度，营造有利于教师流动的舆论氛围

政策宣传是政策执行过程中的首要环节，有着极其重要的作用。政策宣传的内容包括政策的公布和政策方案的解释、说明。政策的公布也称政策声明。对政策的解释、说明，就是通过各种

有影响力的渠道和方式，向政策执行者、政策对象和社会各个方面传播政策的合法性、合理性、必要性和效益性等方面的信息，以获得政策执行者和政策对象对政策的理解、支持和接受，并形成有利于政策执行的社会舆论环境，以"约束"人们的行为不向与政策目标要求相反的方向发展。● 因此，务必加大对"县管校用"、推动教师交流轮岗政策的宣传力度，营造良好的舆论环境。

（一）加大对政策本身的宣传力度

（1）要通过多种渠道，如网络、报纸、期刊、杂志等各种媒介进行正式发布，增加受众面，尤其是要选取政策对象较为熟悉的媒介。

（2）加大对政策出台背景、目标、意义、内容、要求的解读。可以采取召开新闻发布会或者网络在线访谈、在媒体上刊登系列解读文章等形式，由主管领导或者专家团队对上述各方面内容进行解读，使政策执行者、政策对象以及社会各界了解政策出台的背景和意义，认同政策的目标和内容，从而减少政策执行过程中的阻力。

（3）进一步强调政策执行者、政策对象的责任和工作要求。作为政策执行者的编制、人事、教育等部门，作为政策对象的中小学教师，以及身兼政策执行者和政策对象双重身份的中小学校，要进一步明确各自的责任和工作要求，增强工作的紧迫性、主动性和积极性。

（二）加大宣传力度，营造有利于教师流动的社会氛围

（1）面向全社会，加大宣传教育力度，树立大教育观，树立教师动态管理观念。

● 张国庆. 公共政策分析［M］. 上海：复旦大学出版社，2004.

一是要大力宣传教师流动的价值所在和深远意义，让全社会和广大中小学教师、家长等认识到教师流动是为了促进教育的均衡发展，实现教育公平，为每一个孩子提供公平的受教育机会。要克服教育发展的本位主义，树立大教育观，从全社会的高度认识教师流动。

二是树立教师动态管理的观念，克服长期以来形成的"铁饭碗"的依赖心理。计划经济体制下沉淀下来的教师职业稳定的心理认知使很多教师形成了"铁饭碗"的依赖心理，这成为中小学教师大范围流动的桎梏。国家应该通过有组织的宣传教育让更多的人明确中小学教师合理流动的必要性，树立教师动态管理观念。具体来说，就是要对教师、各级教育行政部门及学校管理者、学生、家长等群体的思维方式、教育理念等进行再塑造，使之真正理解教师流动的意义、主旨所在。只有这样才能使他们真正地支持流动，打破教师流动的思想壁垒，教师流动制度才能拥有肥沃的思想土壤。

（2）促进教师对教育工作的理解，端正其流动动机。教育是奉献的职业。广大教师要树立勇于奉献的精神，正确认识教育工作的职责和意义，端正流动动机，克服"人往高处走，水往低处流"的心理，消除为追求私利而存在的各种功利化的流动动机及行为。同时，广大教师要爱岗敬业，在新学校立足岗位，做好本职工作，为新学校的发展和教学质量的提升做出贡献。

（3）加快诚信体系建设，深入推广诚信政策。在中小学教师流动制度化进程中，一方面要通过政府部门、地方教育行政机构及学校之间的协作，建立对教师流动制度的有效监管，保证流动条款的兑现；另一方面，要加快面向学校和教师的信用制度建设，使守信者能得到利益保障、失信者受到应有的惩处，从而为教师流动的制度化运行营造良好的信用环境。对非正式制度作用的重视，可以尽可能地消除法律法规与人性关怀之间的空白，有利于教师流动制度化的形成和完善。

参考文献

一、著作类

［1］教育部基础教育一司，中国教育科学研究院，国家教育咨询委员会义务教育均衡发展工作组．2010—2012 义务教育均衡发展高端视点［M］．北京：教育科学出版社，2014.

［2］教育部基础教育一司，中国教育科学研究院，国家教育咨询委员会义务教育均衡发展工作组．2010—2012 义务教育均衡发展（省域统筹）［M］．北京：教育科学出版社，2014.

［3］教育部基础教育一司，中国教育科学研究院，国家教育咨询委员会义务教育均衡发展工作组．2010—2012 义务教育均衡发展（县域实施）［M］．北京：教育科学出版社，2013.

［4］教育部基础教育一司，中国教育科学研究院，国家教育咨询委员会义务教育均衡发展工作组．2010—2012 义务教育均衡发展（市域推进）［M］．北京：教育科学出版社，2012.

［5］北京教育科学研究院教师研究中心．北京市中小学教师流动现状调研报告［R］．北京：2010.

［6］教育系统人力资源配置与学校编制管理课题组．教育系统人力资源配置与学校编制管理研究（上、下）［M］．北京：北京师范大学，2009.

[7] 何双梅，曲嘉滨，季德功. 城乡教育均衡发展实证研究（上、下）[M]. 哈尔滨：黑龙江教育出版社，2014.

[8] 王慧英. 我国高校教师流动政策研究 [M]. 沈阳：东北大学出版社，2014.

[9] 郭荣学，杨昌江. 区域内义务教育均衡发展模式研究 [M]. 北京：教育科学出版社，2014.

[10] 周险锋，谭长富. 教师流动问题研究 [M]. 武汉：华中科技大学出版社，2013.

[11] 翟博. 基础教育均衡发展理论与实践：中国基础教育均衡发展研究报告 [M]. 北京：教育科学出版社，2013.

[12] 李宜江. 义务教育均衡发展的法律保护研究 [M]. 芜湖：安徽师范大学出版社，2013.

[13] 张传萍. 义务教育资源配置标准研究 [M]. 武汉：武汉大学出版社，2013.

[14] 王定华. 全面推进义务教育均衡发展 [M]. 北京：人民教育出版社，2012.

[15] 郭雅娴. 中国教育资源配置效率研究 [M]. 北京：人民出版社，2012.

[16] 彭世华. 义务教育均衡发展目标与标准研究 [M]. 北京：教育科学出版社，2012.

[17] 沈有禄. 中国基础教育公平：基于区域资源配置的比较视角 [M]. 北京：教育科学出版社，2011.

[18] 孙绵涛. 教育政策分析：理论与实务 [M]. 重庆：重庆大学出版社，2011.

[19] 孙绵涛. 教育政策学 [M]. 北京：中国人民大学出版社，2010.

［20］刘晓苏．事业单位人事制度改革研究［M］．上海：上海交通大学出版社，2011.

［21］田道勇．基础教育改革与问题研究［M］．济南：山东教育出版社，2008.

［22］董克用．中国教师聘任制［M］．北京：中国人事出版社，2008.

［23］华红莲．义务教育发展区域均衡系统研究（1～2卷）［M］．北京：北京大学出版社，2007.

［24］吴民祥．流动与求索：中国近代大学教师流动研究（1898—1949）［M］．杭州：浙江教育出版社，2006.

［25］张国庆．公共政策分析［M］．上海：复旦大学出版社，2004.

［26］刘复兴．教育政策的价值分析［M］．北京：教育科学出版社，2003.

［27］朱家存．教育均衡发展政策研究［M］．北京：中国社会科学出版社，2003.

［28］袁振国．教育政策学［M］．南京：江苏教育出版社，2001.

［29］郑杭生．社会学概论新修［M］．北京：中国人民大学出版社，1999.

［30］靳希斌．市场经济大潮下的教育改革［M］．广州：广东教育出版社，1998.

［31］顾明远．教育大辞典［K］．上海：上海教育出版社，1998.

［32］约翰·罗尔斯．正义论［M］．何怀宏，何包钢，廖申白，译．北京：中国社会科学出版社，1988.

［33］唐纳德·E.克林纳，约翰·纳尔班迪．公共部门人力资源

管理：系统与战略．［M］第4版．孙柏瑛，潘娜，游祥斌，译．北京：中国人民大学出版社，2010.

二、学位论文类

［34］邓雪伶．淮北市城市中学教师流动现状调查及对策研究［D］．淮北：淮北师范大学，2014.

［35］崔亚超．关于义务教育学校教师流动问题的研究——以北京市中小学教师流动政策为例［D］．北京：首都师范大学，2013.

［36］顾李星．教师流动宏观调控研究［D］．太原：山西大学，2013.

［37］朱满勇．促进县域义务教育均衡发展的教师流动问题研究［D］．芜湖：安徽师范大学，2013.

［38］王举．论教育政策的价值基础［D］．上海：华东师范大学，2013.

［39］向书余．城乡统筹背景下中学教师流动的制度化研究——以九龙坡区实地调研为例［D］．重庆：重庆大学，2013.

［40］吕莎．城乡教育统筹背景下教师流动的现状与对策研究——以成都市双流县与温江区中小学教师流动现状为个案［D］．重庆：西南大学，2012.

［41］李适时．岳阳市义务教育教师区域内流动政策研究［D］．长沙：湖南师范大学，2012.

［42］周春林．教育均衡发展背景下城乡中小学教师流动问题研究——以重庆市沙坪坝区为个案［D］．重庆：西南大学，2011.

［43］姜涛．吉林市中学教师流动中的问题与改善研究策略［D］.

长春：东北师范大学，2010.

[44] 咎尔丽. 我国城乡义务教育教师流动制度供给的影响因素 [D]. 北京：首都师范大学，2008.

[45] 胡延亮. 建立义务教育均衡发展机制研究 [D]. 济南：山东大学，2008.

[46] 陈阳. 中小学教师流动的制度化研究 [D]. 长春：东北师范大学，2007.

[47] 王新华. 关于我国义务教育阶段教师流动制度建设的新制度经济学分析 [D]. 大连：辽宁师范大学，2006.

[48] 闫引堂. 国家与教师身份——华北某县乡村教师流动研究 [D]. 上海：华东师范大学，2006.

[49] 姜勋. 经济欠发达地区乡镇中学教师流动的现状及对策研究——以江苏东海为个案 [D]. 福州：福州大学，2004.

[50] 毕正宇. 黄冈市中小学教师流动流失问题研究 [D]. 武汉：华中师范大学，2003.

三、学术论文类

[51] 王强. 我国近30年"教师流动"的主语演变与信心博弈 [J]. 全球教育展望，2014（6）.

[52] 李爱华，谢延龙. 教师流动伦理的困境与突破 [J]. 教育导刊，2014（5）.

[53] 谢延龙，李爱华. 教师流动伦理：意蕴、困境与出路 [J]. 现代教育管理，2014（4）.

[54] 高佳. 美国中小学教师流动的历史嬗变 [J]. 外国中小学教育，2014（2）.

[55] 赵允德. 韩国中等学校教师轮岗制度及其特点 [J]. 教师

教育研究，2014（5）.

[56] 王晓龙，刘景瑜 . 日本高校教师人事制度的启示 ［J］. 吉林省教育学院学报（上旬），2014（2）.

[57] 殷世东 . 义务教育阶段教师流动机制的构建 ［J］. 教育发展研究，2013（18）.

[58] 由由 . 教师流动的微观影响因素——经济理论与美国实证研究 ［J］. 教育与经济，2013（11）.

[59] 谢延龙，李爱华 . 我国教师流动政策：困境与突破 ［J］. 当代教育与文化，2013（5）.

[60] 徐佳姿，倪娜美 . 中日两国教师专业性发展途径——教师培训和教师流动 ［J］. 科教文汇（上旬刊），2013（1）.

[61] 全晓洁 . 促进教师流动：基于人性假设理论的思考 ［J］. 齐齐哈尔师范高等专科学校学报，2013（1）.

[62] 郝保伟 . 教师流动政策的合法性缺失及其重建 ［J］. 中国教育学刊，2012（9）.

[63] 刘敏 . 以教师流动促进教育均衡——法国中小学师资分配制度探析 ［J］. 比较教育研究，2012（8）.

[64] 蔡明兰 . 教师流动：问题与破解——基于安徽省城乡教师流动意愿的调查分析 ［J］. 教育研究，2011（2）.

[65] 李玲，韩玉梅 . 西方国家中小学教师流动的经验与启示 ［J］. 比较教育研究，2011（11）.

[66] 薛正斌，刘新科 . 中小学教师流动样态及其合理性标准建构 ［J］. 陕西师范大学学报：哲学社会科学版，2011（5）.

[67] 彭礼，周益霞 . 30 年来农村教师流动研究综述 ［J］. 当代教育理论与实践，2011（6）.

[68] 方彤，王芳芳 . 英国的教师流动：问题、对策及启示 ［J］.

湖南师范大学教育科学学报，2011（7）.

［69］郝保伟. 中小学教师流动：类型、问题及政策设计［J］.教学与管理，2012（11）.

［70］王海光. 城乡二元户籍制度的形成［J］. 炎黄春秋，2011（12）.

［71］谭梅. 统筹城乡教师发展 均衡配置教师资源——成都市温江区教师"县管校用"机制之政策制度解析［J］. 教育教学研究，2011（7）.

［72］陶青，卢俊勇. 对教师流动制的价值批判［J］. 教育科学研究，2011（7）.

［73］蔡健. 教师流动政策的取向：从"被流动"到"要流动"——基于文献的研究［J］. 教育学术月刊，2010（10）.

［74］郑茵中. 福建省义务教育教师"县管校用"政策实施情况的调研报告［J］. 福建教育学院学报，2010（8）.

［75］夏茂林，冯文全. 城乡教师资源均衡配置问题探讨［J］.教育科学，2010（2）.

［76］薛正斌，刘新科. 社会流动视域下的中小学教师流动［J］.宁夏社会科学，2010（5）.

［77］覃学健，杨挺. 绩效工资背景下教师流动制度新思考［J］.当代教育科学，2010（15）.

［78］罗章，张朝强. 城乡统筹背景下教师流动机制研究［J］.西南农业大学学报：社会科学版，2010（6）.

［79］贾建国. 我国城乡教师流动制度创建的制度阻力探析［J］.教育科学，2009（10）.

［80］韩淑萍. 我国教育均衡背景下教师流动问题研究述评［J］.

教育导刊, 2009 (1).

[81] 张馨芳. 论农村中小学教师合理流动的实践路径 [J]. 当代教育论坛, 2009 (7).

[82] 张虹, 冯利哲. 课改背景下中小学人事制度改革目标模式与实施策略 [J]. 中小学电教 (下半月), 2009 (2).

[83] 项亚光. 当今美国学校教师流动的新动向 [J]. 外国中小学教育, 2008 (5).

[84] 陈坚, 陈阳. 我国城乡教师流动失衡的制度分析 [J]. 教育发展研究, 2008 (3~4).

[85] 邓涛, 孔凡琴. 关于推进基础教育师资配置均衡化的思考 [J]. 中国教育学刊, 2007 (7).

[86] 谢彦红, 朴连淑. 韩国中小学教师人事制度及其对我国的启示 [J]. 教学与管理, 2006 (6).

[87] 瞿瑛, 方荣权. 义务教育均衡发展的对策——实现区域性教育公平的举措 [J]. 基础教育研究, 2006 (1).

[88] 张成芳, 阳德华. 农村贫困地区中小学教师流失问题探索 [J]. 理论观察, 2006 (2).

[89] 庞丽娟. 加强城乡教师流动的制度化建设 [J]. 教育研究, 2006 (5).

[90] 娄鹏. 政府诚信——社会诚信体系的核心 [J]. 中共贵州省委党校学报, 2006 (1).

[91] 楼世洲, 李士安. 农村中小学校骨干教师流失的分析和思考 [J]. 师资培训研究, 2005 (9).

[92] 朱益明. 中小学教师人事制度改革: 问题、思路与建议 [J]. 教育发展研究, 2005 (9).

[93] 夏仕武. 中小学教师流动的伦理学分析 [J]. 中国教师,

2005（11）.

［94］陆学艺. 研究社会流动的意义［J］. 中国党政干部论坛,
2004（8）.

［95］金晓梅. 不可忽视的教师隐形流失［J］. 湖南教育, 2003
（5）.

［96］邵学伦. 关于中小学教师流动问题的思索［J］. 山东教育
科研, 2002（8）.

［97］尹博. 对贫困地区中小学教师内部流动问题的思考［J］. 现
代中小学教育, 2002（4）.

［98］李启咏. 我国迫切需要建立师资流动制度［J］. 教学与管
理, 2002（6）.

［99］彭新实. 日本的教师培训和教师定期流动［J］. 外国教育
研究, 2000（10）.

［100］杨衍江. 教师的流失与回流：成因、趋势与对策——一种
特殊劳动力市场的分析［J］. 江西社会科学, 1998（6）.

［101］李祖超. 我国教育资源短缺简析［J］. 高等教育研究,
1997（6）.

［102］程凤春. 对中小学教师流失问题的思考［J］. 北京师范大
学学报：社会科学版, 1996（3）.

［103］李盛聪. 关于中小学教师流失问题的思考［J］. 教育改
革, 1994（12）.

四、政策文本类

［104］教育部 财政部 人力资源和社会保障部联合颁发《关于推
进县（区）域内义务教育学校校长教师交流轮岗的意见》
（教师［2014］号）.

[105] 《中共陕西省委组织部、陕西省机构编制委员会办公室、陕西省教育厅、陕西省财政厅、陕西省人力资源和社会保障厅关于深入推进义务教育学校教师校长交流轮岗工作促进义务教育均衡发展的意见》（陕教规范〔2014〕5号）.

[106] 《福建省教育厅、福建省人力资源和社会保障厅、中共福建省委机构编制委员会办公室、福建省财政厅关于进一步推进县域内义务教育学校校长教师校际交流工作的意见》（闽教人〔2014〕29号）.

[107] 《浙江省教育厅 浙江省机构编制委员会办公室浙江省财政厅 浙江省人力资源和社会保障厅关于推进县（市、区）域内义务教育学校教师校长交流工作的指导意见》（浙教人〔2013〕70号）.

[108] 《湖南省教育厅关于印发湖南省县域内义务教育学校教师均衡配置指导意见的通知》（湘教发〔2012〕17号）.

[109] 《省委组织部、省编委办、省教育厅、省财政厅、省人力资源和社会保障厅联合下发贵州省关于推进县域内义务教育学校教师均衡配置的意见》 （黔教人发〔2012〕320号）.

[110] 《中共河南省委高校工委、河南省教育厅关于进一步做好城镇教师支援农村教育工作的通知》 （教人〔2012〕607号）.

[111] 《省教育厅、省委组织部、省机构编制委员会办公室、省财政厅、省人力资源和社会保障厅关于进一步推动义务教育学校教师和校长流动工作的意见》 （苏教人〔2012〕19）.

[112] 成都市教育局中共成都市委机构编制委员会办公室成都市

人力资源和社会保障局关于印发《关于推进教师"县管校用"工作的意见》的通知（成教育发〔2012〕12号）.

[113]《北京市机构编制委员会办公室、中共北京市委教育工作委员会、北京市教育委员会、北京市人力资源和社会保障局关于进一步推进义务教育优质学校干部教师向普通学校流动的意见》（京教工〔2011〕72号）.

[114]《上海市教委关于促进义务教育阶段人才有序流动优化人力资源配置的实施意见》（沪教委人〔2011〕3号）.

[115]《福建省教育厅、福建省公务员局、中共福建省委机构编制委员会办公室关于印发推进县域内义务教育学校教师校际交流试点工作指导意见的通知》（闽教人〔2011〕48号）.

[116]《关于江苏省义务教育优质均衡改革发展示范区建设意见的通知》（苏政办发〔2010〕65号）.

[117]《教育部关于进一步推进义务教育均衡发展的若干意见》（教基〔2005〕9号）.

五、报纸文章类

[118] 刘磊."区管校用"促进城乡教师流动——记成都市温江区教师人事体制新模式改革[N]. 中国教育报,2011 - 08 - 26（1,8）.